JN139827

霊能力で
運命が
好転！

今すぐできる霊術・霊法66

伝説となった京都の霊能者
皆本幹雄

SEIKO SHOBO

本書は二〇〇二年小社刊『霊は生きている』の改題再刊です。長らく品切れになっておりましたが、読者のご要望も数多くいただき、装いを改めて復刊いたします。皆本霊学の神髄をご堪能ください。

真の霊的能力を身につけるために■はじめに

この世に霊能力者といわれる人は、自称・他称を含めて決して少ない数ではない。少なくはないが、霊能力者と普通人との間には越えられない決定的な溝があるように一般には考えられている。しかし、果たして本当に乗り越えられない溝があるのだろうか。霊能力者と普通人は峻別(しゅんべつ)され得るものなのだろうか。

ここに興味深い事例がある。私の十年来の知人に、さる中年のご婦人がいる。その女性が、ある宗教団体の門を叩いて指導をあおいだ。彼女なりの熱心さで、修業・奉仕・供養(くよう)・神仏拝の活動を七年間にわたって続けたが、教祖や教団幹部のアクの強さ、信者同士の葛藤(かっとう)などから団体をやめてしまった。やめてしばらくは放心状態が続いたが、ある日、まるで幼児のような心境になり、数字の計算に熱中するようになった。小学校の算数の教科書をむさぼり読んだそうだ。さらには、数字のクイズやありとあらゆるクイズに挑戦しはじめ、主婦業をこなす時間以外、明けても暮れてもクイズを熱心に解くようになったという。気がついたときは、毎日毎日が楽しく、明るく過ごせており、性格的にもしっかり者になっている自分に驚いたという。娘時代に始まって結婚してからも続いていた「憂鬱（ゆううつ）さ」からどうしても脱出できず、宗教団体に身を投じたわけだが、かえっていじけた人間になって退団に追い込まれた。その苦境の最中、算数クイズに夢中になり、強く明るく、そして堅実な自分を勝ち取ったのだと、彼女はほのぼのと明るい顔で話してくれた。

結構なことだ。現在の彼女の身辺を多角的に見ても、なるほど非常に安定した生活ぶりだ。もちろん経済的にも安定している。

彼女にとっての救済の方法は、言ってみれば宗教ではなく数字であった。この世に充満する0から9までの数字とよくよく「仲良しクラブ」になったための結果だとしかいいようがない。まったく素晴らしいことだ。彼女なりの方法で霊能力を獲得できたのだから。

彼女自身は「どうしてその方法を発見できたのか不思議でならない」と思案顔だが、私からすれば不思議でもなんでもない。彼女は宇宙の数字を味方に引き入れたも同然、言うなれば宇宙の神と仲良しになったのだ。数字（記号）の神力、霊力が彼女を導いてくれているといいえよう。大自然は、0から9までの数字が複雑精妙に、繰り返し繰り返し発展、変転して流れていくものだ。あらゆるものが、数字の神秘性の霊妙なる仕組みであることを忘れてはいけない。

数字によって救われた婦人の例を見ても、人身の救済は果して宗教団体のいう教義で達成できるのかどうか、疑問を感じないわけにはいかない。むしろ、無信仰に近い人が社会的成功者になっているケースの方が多いのではないか。

各種の信仰団体に入り、教義に従って修業している人の中で、社会的成功者がどのくらいの割合でいるのだろうか。熱心な信仰活動をしなければ霊的（神的）パワーがいただけないとされているが、果してその通りなのだろうか。

むしろ、独力で意想外の霊的方法を発見し、実行している人が少なくない。言うならば、そうした人たちを本当の霊能力者と呼んでよいのではあるまいか。自分の身辺に漂っているプラスの要素を自分流に活用できた人こそ人生の満足者、人生の勝利者、そう考えられはしまいか。あるべき宗教者の一例なのだと思わずにいられない。

本書は、私なりの見聞、体験の中から、だれにでも可能な霊的方法を紹介しようとするものである。意欲と実行力さえあれば、どんな人でも今すぐに始められる霊術・霊法を選んでみた。実は私は昭和六十三年に『現代霊法入門』という書籍を世に出したが、幸いにして多くの読者から反響をいただいた。その後入手困難だと諸方からいわれ、同書にその後の知見を加筆し、あらためて悩める方々の参考になればとの思いで刊行するのが本書である。

霊能力者と普通人の間には越えられない溝があるわけではない。絶対の壁はないのだ。越えようとする意志があれば越えられる。越える方法を私の乏しい知見の中からお伝えしたいと思う。そのほとんどは専門的観点からすれば初歩の初歩といえるものだが、だからこそ心をこめて学んでほしい。学んで実行してほしい。そして溝を乗り越えてほしい。私の確信がみなさんの確信となることを祈念してやまない。

今すぐできる霊術・霊法66

■目次

真の霊的能力を身につけるために

装幀……………………………………………………フロッグキングスタジオ
カバー画……………河鍋暁斎『暁斎漫画』より（部分。河鍋暁斎記念美術館蔵）

今すぐできる霊術・霊法66

1 家の中の不浄霊を線香で追い出す霊法

まず、仏壇に向かって座る。仏壇がない場合は、部屋の中央に位置し、北の方角に向かって正座する。そして一本の線香を三本に折って火をつけて右手に持ち、一合ほどの酒（日本酒、「ワンカップ」でも可）を左手に持って、

「格の高い先祖さん、守護霊さん、背後霊さん、ただ今から、この家の中の無縁さんや、未浄化霊さんを送り出したいと思います。しかるべきところにお送りください。お願い申します」

と念じる。家の中の全部の部屋や風呂場、便所、台所などを時計の針と同じ方向に回りながら、般若心経を暗記しているならば口中でとなえる。暗記していなければ、

自家の宗旨のお題目、たとえば「南無阿弥陀仏」とか「南無妙法蓮華経」を繰り返しとなえ続ける。家の中をひと回りしたら戸口を出て、近くでも遠くでもよいが（あまり近すぎる場所はどうかと思う）、道の四辻の角に行く。この角は東西南北いずれの角でもよい。地面の上に線香を立てる。地面が舗装されているのなら、横にしておいてよい。般若心経とかお題目は、出発からここまで、となえ続けること。線香を置いてから、用意の酒をまわりにまく。そして一度合掌してから帰るのだが、出来ればいま歩いてきた道よりは、別の道を帰るのがよい。しかし地理的に無理ならば同じ道をとってもよい。

家に入り、仏壇の前、あるいは部屋の中央に座って、心から「ありがとうございました」と礼を言う。このように簡単な方法だが、ただし、条件がある。

①最初から最後まで、お題目以外決してモノを言わぬこと。知人と出会っても目礼のみ、発声してはならない。たとえ家族でもダメ。

②帰りは、絶対に後ろをふり向かないこと。

とにかく、①と②の条件を破るとそのときは効果はない。次の晩やり直しだ。

施法の時間だが、夕方六時頃から翌朝の六時まで可能だが、夜半をお勧めする。以上を誠心こめてやってみると、一回かもしくは二、三回で、家の中が落ち着いたり、家人も自分も憂鬱性(ゆううつしょう)がとれたりするから不思議だ。

要するにこの霊的方法は、さまざまな事情で家の中に不浄霊がたむろするのを、やんわりとなだめ諭(さと)して外に送り出すのだ。もちろん、施法者の動きに合わせて、格の高い先祖、守護霊、背後霊の働きで送り出すことであるのは言うまでもない。私も何十回か施法をした、というより試してみたが、実にさわやかな効験(こうけん)があった。いいかげんな心気(しんき)での実行でもかなりの効果を感じるのだから、熱心にやれば、このやり方が自分のものになるだろう。

二十数年前、この霊法をやり始めの頃に、四辻からの帰り道、自家用車の人に道を聞かれたことがある。「まずいな」と思ったがしかたがない。道を教えた。「ありがとうございます」と返事があって車が発進してからおよそ三十メートルぐらいのところで、左前輪が溝にはまってしまった。私のせいだと思いたくはなかったが、車から飛び出してきた運転手さん、私の顔を見るなり青い顔でブルブルふるえながら、「女の人が赤ん坊を抱いてオイデオイデをするので、あわててハンドルを左に切りました」と言っていた。そういうことが事実、生じるのである。

2 全身を爽快にさせる足裏湿布法

これは厳密には霊的な方法ではない。だが、霊声がこの私に教えてくれたものだ。試みるのは寝る前がいい。用意する品は、大根をおろしたのをガラスのコップに半分くらい、その中にとうがらし（タカノツメ）を数本こまかくきざむ。男性ならば左足裏、女性は右足裏に、布きれに、おろしやとうがらしをよくかきまぜたのを塗りつけて貼る。汁などがこぼれやすいのでビニールの袋で足を包むのがよい。布がずれないように、よくしばったりするなど、そのあたりは自分で工夫してほしい。だんだん熱くなるが我慢できるまで辛抱してから取りのぞけばよい。

純然たる霊的方法ではないので、気楽にやってほしい。体の疲れとか、気分の憂鬱性がとれる。これに関しては、私自身、足がだるくてしようがない、眠るにも眠れない、そんな苦しい晩に霊声でこの方法を聞いた。すぐに実行してみると効果があった。それ以来知人に勧めてみると思いのほか、好評だった。私の知るかぎり、五十人ぐらいからよく効くと報告があった。人から人に、私の知らない人々にも伝わっているようで、以後は直接の報告はない。しかし重宝されている方法のようだ。

ことわっておくが、布団のシーツが汁でよごれたりするので、霊的方法ではないといっても、そのへんを注意すること。私も数回やってみたが、たしかに効きめはあった。軽症・重症の差もあるだろうし、症状が足の裏のツボと関係ない場合もあるだろうから、一〇〇パーセント有効とは言えないかもしれない。どうも寝つかれぬ夜など、時間の余裕があるときにやってみたらどうだろうか。

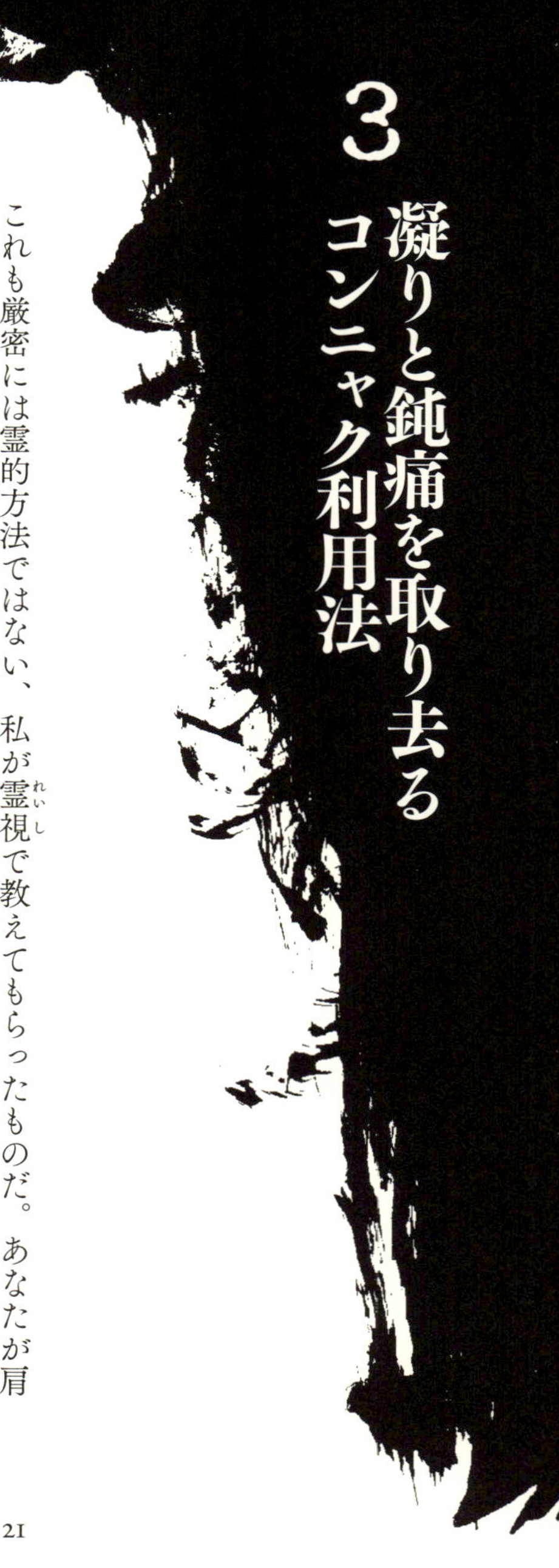

3 凝りと鈍痛を取り去るコンニャク利用法

これも厳密には霊的方法ではない、私が霊視で教えてもらったものだ。あなたが肩が凝る、背中が張る、腰に鈍痛がある、また、精神的にどうも憂鬱だとする。私も同様な体調のときに、「こんなときに何かいい施法はないものか」と考えていると、目の前に映った方法だ。そうやって霊界が教えてくれたわけだ。

用意する品は、コンニャク一枚、土しょうが一つ、布きれかタオル一枚。まずはおろしがねでしょうがをすりおろし、お湯でコンニャクを少々熱いかなと思われる程度に温める。次に、うつぶせになって、布きれかタオルを背中にあてる。そしてその上におろした土しょうがを平たくのせて、さらにその上から温めたコンニャクをあてるのだ。しばらくすると背中が温かくなり、やがて熱いぐらいに感じ始めるはずだ。それをじっと我慢する。だんだんにコンニャクが冷えてくる。また、皮膚の弱い人は我慢できるまで我慢して、コンニャクや布きれを取り去る。ホカホカと背中や全身が温かく感じたら、効能があったというわけだ。

私がこの方法を直接に教えてあげた人は三十人ばかりになるが、その後意外に普及してかなりの人数が実行しているようだ。筋肉のしこりがゆるんで精神作用もよくなるという。

実を言うと、肩や背中が凝ったり張ったりで、憂鬱となるので何かいい方法はないかと視線を凝らしていると、戦国時代の情景が視えて、土しょうがをすりこぎでつぶし、一方では泥土をお湯でかきまぜて背中にのせたのが視えた。それを私が現代的にアレンジして、コンニャクに替えたわけだ。だから泥土ならばもっと効果的なのだろうが、今の時代にとてもできるものではない。コンクリートを張りつめた地面では、適当な泥土など手軽に手に入るものではなかろう。コンニャクは自分流のアイデアで、もしかしたらもっと他に効果抜群のものがあるかもしれない。だが私が視せてもらった霊視、つまり土しょうがと泥とお湯の情景はもっと他の意味あいがあったのかもわ

からない。とはいえ、まったくのピントはずれな解釈であったとしても効果があると
いうので満足している。
　泥とか土とかは、昔は患部とか傷口にあてて、外用薬となっていたらしい文献など
を散見する。そうした場合は泥土でなければダメなようだ。どういうわけか、お湯を
必ず併用とするのは、薬用泥土として内容をたかめる作用があるのだろう。以後、漢
方薬を服用するときにはお湯を用いている私である。医学的、薬学的にどうだなどと
私は知らないが、体験的にはありがたい方法だと思っている。

4 風呂に酢を入れて浄霊・除霊する法

このやり方はとても簡単だ。だれにでもすぐできる。入浴時にガラスのコップ半分程度の「酢」を入れて、よくかきまぜ、体を湯につけるだけのことである。まことしやかに浄霊・除霊と書いてしまったが、チリ・アクタのような弱いとか小さいとかの霊因や生霊的な念波が体から落ちるようだ。

霊困としては俗にいうサワリとかタタリのたぐいの弱小なものである。また、生霊とは、現存する人物の念思念波をいう。たとえば、「あいつがいるために私がうまくいかない」「あの野郎がいるためにオレが上にあがれぬ」とか、「あの人が私のあることないことを世間に言いまくっている、チクショウ」など、他人の執念が自分の身辺や身体にはびこるとか、こびりついているのが日常の事態である。この世に生きているかぎり、そうした執念がほこりや垢のようにまとわりつく。この方法は、それらを洗い落とすのに効きめがあると霊声で教えられた。つまり、「酢」の匂いが嫌なのか、それによって執念が和解するのか、霊因や念波がずりおちてしまう作用があるのか、ともかく霊的な効きめの詳細はわからないとしても、気分は確実に和らぐようだ。

私の勧めで実行している人の中には、「皮膚にとってもいい」とか「おかげで風邪をひかなくなった」などという声も聞く。ある人は、自分のアイデアからか、また誰かからのヒントでなのか、「酢」と「酒」とを交互に使用しているという。酢は酢の、酒は酒のそれぞれの特色があるとして実行しているようだ。ならば酢でも酒でも、ビールでもウィスキーでもいいような気もするがどうだろう。

私がこの方法を教えてもらったのはずいぶん昔のことだ。ある日、霊視をしていると、江戸時代中期頃のご婦人が、夏の夕景に庭でタライにお湯を入れて湯浴みする情景が視えた。つまり行水だ。現代では、このようなえも言われぬ情景は見られないが、私の子供時分には夕方ともなれば、あちらこちらでそんな風景が見られたものだ。かく言う私が長髪をたらした中年のご婦人の行水風景に見とれていると、

「タワケ、そんな意味で見せてやってるんじゃない！」

霊声で叱られた。我に返ってよく見ていると、タライのお湯に湯呑み一杯分ぐらいの「酢」をたらしこんで、よくかきまぜて行水をしているのだ。そして、なんと、豆粒大のもの（霊魂だろう）がピチピチと音をたてて、飛びはねて消えてゆくのを見せてもらった。だからこのやり方を除霊・浄霊というわけだ。

酒を使用する人の場合は、小さな霊因や生霊の念波も、ほろ酔いかげんで身体から離れていくのだろう。本人もよい機嫌となり、こうなると一石二鳥、一挙両得ともいえる。そういえば酒は超古代から霊的な使用法がさかんであったから、いいヒントを得たともいえるだろう。

「酢」を綿にしみこませ、ムカデ虫の頭にもっていくと虫が一目散に逃げるところを見ると、よく言われている動物霊退散の効用もあるとうなずける気がする。とにかく霊的な意味あいが深いとはしても、純粋な霊的な方法とは言えないので気楽に施法してよい。ただし、風呂場の小窓を三〜五センチ開けておいてほしいのだが、外から人間様にのぞかれないようにご用心を。

5 両手をこすり合わせるだけで大きなパワーをいただく方法

三十年も前のことだが、盲目の老女霊媒師（れいばいし）と親しくおつき合いする時期があった。惜しいことにその方はもう十数年前に亡くなられた。あたたかい心の人で、潔癖性の強いおばあさんだった。霊視（れいし）・霊聴（れいちょう）に特異な力のあった人で、当時は近郷近在の同業者でこの人にかなう者はなかった。当然ながらこの人のもとに通う人が非常に多かった。

この方法はその霊媒師から教えられたものだが、ご本人がじかにあの世から教示を受けたのか、教師がいて口伝（くでん）されたものかさだかではないが、これを行なって結果が悪いとはいえないので紹介してみる。

まず正座する。その際、方角はどうでもよいようだ。ただしその時間帯にお日様がどの辺にあるかを考えてそちらを向くのだが、もし中天ならば東を向く。しかし、あまりこれは重要ではないようだ。もちろん、雨の日でも曇りの日でも関係なく、太陽は東から西に傾くのだから、雨ならどうだなどとヘソ曲がりな考えは無用だ。

さて、やり方だが、まず、両手を上に向け、「天の神様、天の神様、天の神様」と三回呼びかける。そして「私にお光を与えてください」とお願いする。次に、掌を下に向けて「地の神様、地の神様、地の神様」とまた三回呼びかける。で、同じように「私にお光を与えてください」とお願いする。その後で両手をはげしくこすり合わせると、掌が熱くなる。その熱くなった両手で身体中を上から下へなでる。あるいはぬぐうというのか、たとえば小さな虫が身体にとまった、それをぬぐい落とすといった感じの要領でぬぐう。患部とか一番弱い身体の部分、また、疲れを感じるところとか肩が凝るとかの気になる箇所をおもに施法したらよいと思う。掌の熱さがさめてきたら、また最初から繰り返し続ければよい。

さて、その原理はよくわからない。老女霊媒師がこれを世の人に伝承してよいと言うので五十人ばかりの人に教えたが、はたして実行されているかどうかは知らない。

ましてや私の発明発見ではないので、なぜこれが効くのかわからない。

　この方法は天地自然のパワー吸収法と考えられもするが、さまざまな修法行者（しゅうほうぎょうじゃ）が自らの身体の除霊・浄霊法をこれに類したしぐさで人々に教えているが、それら専門家に聞いてみたが企業秘密だとして詳しいところは答えてくれなかった。また、私の教えられたやり方をけなして無能だと断じた人がいた。しかし、えてして他の霊能力者についての悪評は、百人が百人とも言うものなので気にはしていない。

　私自身はこれをあまり実行したことはないが、実行している人によると、手をこすって熱くなったときにピリピリとした感触をうけるという。霊の作用なのだろうかパワーなのだろうか。ある人の場合はひとりでに身体の弱っている箇所や患部に掌が向くそうだ。たぶん強い霊媒（れいばい）体質の人であろう。その際に強い霊作用が発動したと考えてもいいように思う。とにかく、その効能や結果を考えずに常時やっていれば、霊力の応援があると私は信じている。

6 神棚・仏壇の灯明で知る吉凶判断の霊法

これは古来よりさまざまに試されてきた方法であり、私自身の体験も多いが、他の人の事例をまずはあげてみよう。

遠い知り合いに中学生の男の子がいる。その父親が熱心な神社信仰者（宗教団体の信仰者ではない）である。また、素直な先祖供養者ともいえる人であったが、ある夕景、仏前の水、お茶などのお給仕も終わり、お灯明に灯をともし、般若心経の読経半ばになったときに、灯明の灯がパチンと音をたてて消えてしまったという。当人はなぜだろうと思案し気味も悪かったが、

「ただ今の現象、教えてくださいましてありがとうございます。ですが私には何のこ

とかわかりません。どうぞわかるように教えてください」

と頼んだそうだ。胸がうずき、中学生の息子の姿が頭をよぎったそうだ。そして、信仰している氏神神社（産土神社）がぼんやりと視えたという。しかしそれ以上のことはわからなかった。わからないままに、信心深い父親は翌早朝、神社に参拝だけはしておいたという。気になるがままに会社に出勤して夕方帰ってみると、妻が青い顔で、どうも息子が家出をしたようだという。

その夜は夜遅くまで戸口を施錠せず、あかあかと家中の部屋の電気をつけたまま家族の者全員が心配し続けたという。結局翌朝になっても息子は帰ってこない。やはり家出だ。父親は一目散に氏神神社にお参りに行ったが、なぜか心は快調だったという。家に帰って仏壇に向かい、どうぞ息子を呼びもどしてほしいと、一心に夫妻で頼んだそうだ。

その晩にひょこんと本人が帰ってきた。

「ごめんなさい、友だちに家出をそそのかされて……」

軽い気持ちで出かけたと話す。だが、ものすごく強いホームシックにかかったという。このようなイキサツだが、思うに仏前の灯明が教えてくれたとか、警告をしてくれたとする典型的な事例だ。

さて灯明の炎の色かげんによっての判断法だが、人によって、またその家によって独自の現象があるようだ。まったく同じ、それぞれに相違が生じる、やや違うなど と、ある意味では千差万別ともいえる。だが、この方法は先祖先亡霊と自分との波長が一致しやすく、あの世とこの世の接点の一つと思えてしかたがない。他人様の事例も多く、私の資料も少なくないが、ここでは私が体験した現象を記しておく。

①灯明の炎が全体に明るく感じるときは、先祖先亡及び自分や家の身辺が良好な状態と解する。

②逆に暗く感じるときは、もちろん雰囲気（ふんいき）の暗くなっている家庭状況のようだ。したがって先祖霊の方々にも、何か凶としての問題が生じている。

③妙に炎が小さく感じるときも、②と同じような因縁因果（いんねんいんが）がありそうだ。

④炎先とか灯の感じが黄色の場合は、普通の状態といってよい。

⑤青色はあの世から何か要求や注文がありそうだ。

⑥緑色はやや不満なものとか欲求不満の状態。

⑦紫色はそのときの最高のものと受け取っている。
⑧赤色に感じるときは勢いの大とする意味もあるが、怒りの感情とする場合も多い。だが、それはパワーのみなぎりにも通じる。

灯明判断法は自分で研究を実際に積み重ねていけば、独自の答えがそれぞれの家に出るようなので、私の経験は参考程度にしていただきたい。だが、おしなべて言えることは、明るく大きい炎がよい。また、炎が三～五センチぐらいに伸びる場合がある。このときが一番の至上（しじょう）といえるようだ。

このように、灯明の炎のその時その時のありさまを克明に記し、事後の出来事を日記に記して照らし合わせてみていただきたい。かならずピッタリと符合する場合が多いものだ。他人様の事例ではなく、自分で自分の定理をものにできるはずだ。

留意することとしては、小さくて細く短かいロウソクでは霊的な表現が乏しいようだ。やはり普通の大きさのものがよい。

7 線香の灰の形で知る吉凶判断の霊法

普段は何げなくすませている墓参りだろうが、よくよく注意してみると、霊界はさまざまなメッセージを発信していることがわかる。

たとえば、墓掃除をきれいにすませ、線香を立てて拝む。ふと気がつくと線香の火先（ほさき）の灰の部分が、クルクルと巻いているか、あるいは妙な巻きかげんの状態を見た人も多いはずだ。それを喜びとか、感謝と解釈してよい。仏壇でも同様な現象が起きる。注意して見てほしい。

ただし、そのような念を込めて線香に火をつけても、そう簡単に灰を巻きはしない。あくまでも、あの世の意向とかそれを反映した結果であり、あくまでも現世の好現象だと思うべきだろう。

条件としては、安物というか、すぐ灰が落ちてしまう線香はよしたほうがいい。風があればもちろんダメだ。しかし、地面に横においた線香でも、クルクル巻いていることがある。あるいはそうした巻きかげんのありさまを私はしばしば見かける。クルクル巻くこと自体に自己満足をおぼえようとするなら、高価な線香を売っている店に行き、そこの一番高い線香をもとめて火をつければ巻状になる可能性が高いのだが、それでは本末転倒（ほんまつてんとう）というものだ。

ともあれ、線香の灰の形状に注意してみるのも仏事拝礼の楽しみの一つではなかろうか。とにかく少しでも巻いておれば、心中で喜び、感謝の念を持ち、あの世に身をまかせることを納得するようにと、私は受け取っている。

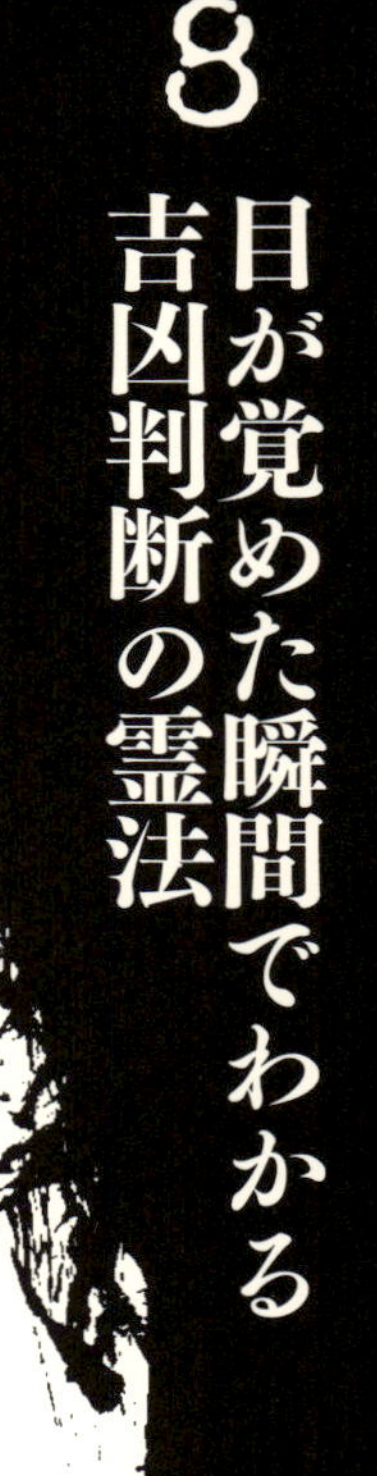

8 目が覚めた瞬間でわかる吉凶判断の霊法

これは、だれしも毎朝、体験可能な事柄である。

目が覚めた瞬間の気分、たとえば、「すがすがしい」「なんだか憂鬱だ」「さびしさを感じる」など、各種各様の感じを受けるものである。それを判断する。そういう集中力を習慣にする。

不思議なことに、これを毎朝毎朝気にしていると、あの世、それは先祖霊、守護霊とか背後霊などであろうが、次々と霊示を与えてくれるのに気づくだろう。さびしさを少しでも感じると、そんな状況がその日のうちにかならず、大小深浅はともかく実現するものだ。ぜひ、霊示を大切にする気になっていただきたい。

マイナスを感じた朝はその日はひかえめに、そして用心を。プラスとした場合は活発、そして喜びなどが訪れてくることを期待するのがよい。また何も感じないときは、実にスムーズ、あるいは大過のない平凡な一日であることは請け合いだ。

ただし、そのときの受け取り方が相違しているにもかかわらず現実は違ったと、私に文句を言わないでほしい。まくらもとにメモ帳でも置いて、目が覚めた瞬間の気分と、その日の出来事を刻明に記しておくのもおおいに有効な参考資料となる。ぜひ、実行してみたらいかがだろうか。あの世も、「おまえがそれほどに研究熱心ならば」と感じて、どしどし霊示、予告、忠告、警告してくれるのは間違いない。

実際に、この方法で霊感節だとして世に出て、二百人弱の信者の教祖様におさまっている人が山口県にいる。霊感力開発の一便法だったのか。私の一言をいち早く自分のものにした実にすばしっこい人ではある。あの世とこの世の接点をこの方法によって発見して、霊感術法を磨いた結果といえようか。

9 目頭・目尻でわかる吉凶判断の霊法

もう三十年も前に、老齢の祈祷師と親しくしていた時期がある。もう物故なされてしまったが、この人に教えてもらった方法の一つを紹介しよう。これは私があきらかに自分のものにして、日常いつも使っている方法だ。この祈祷師が独自に編みだしたものと当時はとらえていたが、後年、先人たちの著書に類似の方法が記されているのを読んだので、この人の発見ではないことがわかった。

それらの著書は江戸時代、明治時代、昭和の初期に書かれたものであるところから、この人が、先人に直接教えてもらったのか、本を読んでの知識なのかは不明だ。出典はともかく、教え広めてもよいと聞いているので、以後私も多くの人々に教示したわけだが、本書にも示しておきたい。
やることはごく簡単だ。右手でも左手でもよい。人差し指と親指の先をつけて、目頭や目尻をグッとおさえるのだ。両方の目か片方の目に、金色（黄色）の輪や、時にいろいろな色の輪ができるはずだ。金色の場合は、施法の時間がたとえば午後六時ならば、翌日の午後六時までは、自分の身辺に異変がないと判断する。アルコール類を多量に飲んだときは金環状が出ないかもしれないが、普通の状態ならばたいてい輪が出るはずである。

事実、金色（黄色）ではなく黒色が見えたときがある。私にとっては大凶変が、日を経ずして出現した。また、輪が出にくい、出ないとするときも要注意である。安心感などをふくめて人生の指針となるので毎日やってみたらどうだろう。ことわっておくが、先人たちの著書の中に散見できるので、古本屋で探して読めば、さらに専門的で、より詳しい教示を得られる。興味のある人は探して研究してほしい。

10 仏前奉仕でする除霊の方法

偉い神様、仏様、力のある神様、仏様がどんなにたくさんいらっしゃっても、実際にあなたの親身になって手助けしてくれるのは先祖さんしかない。この辺のことは拙著『あなたにも霊は憑いている』などに詳しく書いたので参考にしていただきたいが、とにかく、仏前で喜びごと悲しみごと、日常のいろいろなことを心を一つにして報告するのだ。一方通行でもいい、仏前に座って自分から対話をしかける。特に、心気（しんき）が憂鬱（ゆううつ）なとき、悲しかったり不安なことがあるなどのときにはなおさらに実行してほしい。さらにねんごろに仏前にお給仕や掃除をするのも一つの方法といえよう。ただし、義理ややっかいでの奉仕はいただけない。これを習慣としていれば、心の曇りが晴れる場合が非常に多い。それに、何か感じとして、ああしたいこうしたいなどのヒラメキといったものが浮かんだりする。その意味ではなにも霊感師や霊媒師にいちいちお伺いをたてる必要などない。このように実行していると、先祖さんが教えてくれる。そして教えてくれるだけでなく、やがて必ずあなたがマイナスの状況のときに助けてくれるものである。肝心なのは、そのときのヒラメキや思い感じることを即実行することである。実例の一つを紹介しておく。

私の知り合いのご婦人がここ二、三日、身も心もけだるい。そこで仏壇を掃除し、ねんごろにお給仕をしてみようと思い立ち、早速実行したそうだ。その中途に、七種類（七色）のアメを仏壇に供えたくなったという。すぐ近所の店で買って供えたそうだ。その経緯を私に電話してきたわけだ。

「そういうわけでアメを供えましたが、霊視（れいし）をお願いしたくて……」

――よいことをなさいましたね、それはおじいさんです。

「おじいさん？」

――ええ、ご主人のおじいさんが霊界修業でしょうか、またはご主人と一緒に何か仕事をされたのだと思います。深く追究してみなければハッキリわかりませんが、もう三十分もたてば、どしんとした身心の疲れた感じが治ると思います。

最初の電話はそれで終わったが、その日の夕方、また、婦人から電話がかかった。

「先生のおっしゃるとおり不快感が全くなくなりました」

——それはよかった。

「で、原因は何でしょう。おじいさんとアメとではどうもピッタリきませんよね」

——じゃあ、あなたはそのおじいさんをご存じない？

「はい。もう四十年も前に亡くなったそうです」

——ではご主人が帰られたらおじいさんは七色のアメが好物であったかどうか聞いてください。それに数日前が毎月の命日であったはずですが？

「あっ、四日前です。その日から私、ひどく憂鬱になりました」

まさに仏壇が教えてくれるものなのだ。もう私はどうでもよかったが、その夜遅く、また婦人から電話がかかってきた。おっくうだったが電話口に出てみた。

「センセイッ！」婦人の声がうわずっている。

「主人がなにやら七色のアメを買ってもどりました。それに先生、おじいさんは主人の仕事を一緒にしたと言われましたよね。おじいさんの同級生だった方の息子さんから、大きな仕事が来たんです」

――それはよかったですね。

「それで、不思議なんです。おじいちゃんが主人の子供時分によく買ってくれた七色のアメが、やたらにほしくなって買ってきたんですって」

彼女はひとり興奮していたが、あの世は日常茶飯事のこととして、この世に念波を送ってきている。覚めた気持ちで受話器をおいた私だった。なぜかと言うと、そのおじいさんの同級生の息子とその婦人とが意気投合している情景が視えたからだ。きっと祖父と友人の妻とが昔、何かあったのだろう。いわゆる新しい因縁の始まりということになる。婦人の家の仏壇の祀り方が私にはアンバランスに感じられて、かねてから忠告していたのだが、直す気にならないそうだ。変則的な現象が生じるのも無理はなかろうと思って妙に寒気をおぼえた。つまり、仏前奉仕除霊法の一例だとしながらも、祀り方が間違っていると、ことは予想外な発展におもむいてしまう。ご用心を。

事実その後、私が感受した通りの結果に彼女が陥ったと聞いている。しかも詳細をここに記すことができないほど、複雑なものになってしまった。

11 九本の線香でできる除霊の霊法

とにもかくにも、自分なり家の中なりが暗気性、憂鬱性、灰色の雰囲気を感じるときは、線香を九本立てて、煙りや香りをくゆらせる。こうして雰囲気をゆるやかにすると、心気がおだやかになることは間違いない。その効果を敏感に感じる場合と、反対に何もわからないときなどいろいろだが、努力して憂鬱や暗気を打ち破ろうとしてもなかなか難しい。線香をくゆらせておくと、意外にラクに解除可能になった体験は数多い。

なぜ、線香が九本なのかといわれても答えはない。拝み屋さんや霊能力を売り物にしている人の中には、三本の意味するところは、一本は自分、一本は先祖関係、そしてもう一本はご本尊様とか説明している。五本、七本、九本となるとあきらかに呪術的要素を多分に含んだ意味あいのようだが、私は無関係だと考えている。本数にはあえてこだわらず、香りや煙りを多くしようとする思いしかない。かといって、でたらめな心気でもない。本数を奇数にして実行している。

とにかく煙りと匂いで、霊気がゆるやか、おだやかになる。つまり浄化である。そして、この香りと煙りに乗って、よどみたむろしていた霊気が家外に逃げる。悪い霊気を送り出すことが狙いだ。

大切なのは、どこかに行ってくれと念ずるのではなく、自然体で動作すべきことだ。念じては効きめがない、うすい。その日その時、一回でいいのか、何回線香を立てればいいのかということだが、一回で忘れてしまうとき、二回、三回、たて続けに施法する場合もあるようだ。一回目の線香に火をつけ、燃え尽きるまでにもはや気にならなくなっておればそれでおしまいにする。二回、三回と続けなければ気がすまないときは、気がすむまでやればよい。心気が落ち着くまで続けるのもよい。ただし、自分に時間の余裕があればの話だ。施法中、どこかの窓を三十センチぐらい開けておくのも忘れないように。除霊には必ず必要な事柄だ。

12 お賽銭で不意の出費を抑える霊界修養法

お賽銭(さいせん)は自分の身辺の祈願の「代償物」であることに間違いない。自分の罪や穢(けが)れの浄化のためであろう。だから世の多くの人が、投げ銭のようにお賓銭箱に放り投げているのを見るたびに、私は実に嘆(なげ)かわしく心が曇る。お願いならば礼儀をもっての動作でなければいけない。なにがしかの金銭を手に持って、箱の上部にあて、ずらしながら自然に金銭が底に入りこむしぐさであってほしい。だが、ここで言いたいのは、こんなことや金銭の額ではない。私のやり方はこうである。

「このたび、私に寄ってきています、あるいは霊界修業途中の旅路で路銀に困っている先祖先亡たちにお渡しくだされば、うれしゅうございます。お願い申します」

そうとなえて、十円硬貨六枚か、百円硬貨六枚、五十円の穴あき銭とか五円玉でもいい。とにかく六枚そろえて、お賽銭箱の中にゆっくりと入れるのだ。その他に、「お灯明代でございます」として、ロウソク二、三本分のお金も入れるのを忘れないようにしてほしい。

これに類した指導をしている人も多いようだが、みなさん、あまり実行していない。教えられた通りの実践者をときおり見受けるが、たとえば六十円＋ロウソク代の二、三十円、合計十円硬貨十枚をお賽銭だとして箱に入れている。

ちなみにお賽銭の金額だが、これではちょっと痛いなと感じる程度、少々奮発ぎみがよいように思う。身辺の浄化や祈願を、人間が勝手に金額を限定してしまうのはどうかと思う。ましてや投げ銭とは……。神さんは乞食ではない。

とにかく、日常がギクシャクしたり、妙に物質欲や金銭欲にかられたり、わけのわからぬ出費がかさなったりするならば、こうした方法を試してみるのがよい。これらの現象がピタリと止まった体験が私自身数多くある。

どこの神社がいいかというと、一番はやっぱり氏神神社である。一般的には氏神神社といわれているが、正しくは産土神社という。必ず住まいの近辺とか町内、もしくはそれほど遠くない地域に鎮(しず)まっていらっしゃる。わからなければ町内の古老に聞けばよい。それでも不明ならば、区役所とか役場や市役所などの宗教課にたずねればわかるはずだ。それでも要領を得なければ、その土地の一の宮神社に祈願すればいい。圏内にかならず一社~四社ぐらいは鎮座なさっている。

東京都のように存在しない場合もあるようだが、となりの埼玉県の氷川(ひかわ)神社に参詣したらいいだろう。東京以外はあるはずだが、宮城県のように珍しく一の宮がない県もあるので、となりの県の一番近い神社にお願いしたらいいと思う。

ところで、私自身が実行しているかといえば、二十年前までは神妙にやっていたが、以後途絶えがちである。参拝時間が公私の多忙にあって限られてしまう自分なので、本殿社(ほんでんしゃ)、摂社(せっしゃ)、末社(まっしゃ)と巡拝するのが忙しい。遠出の参拝、近くのお参り、いずれも帰宅してみると、おおむね財布がカラッポになっている。そこまで皆さんがやることはないが、お賽銭や神社諸でをあだやおろそかにしてはならない、とくれぐれも言っておきたい。

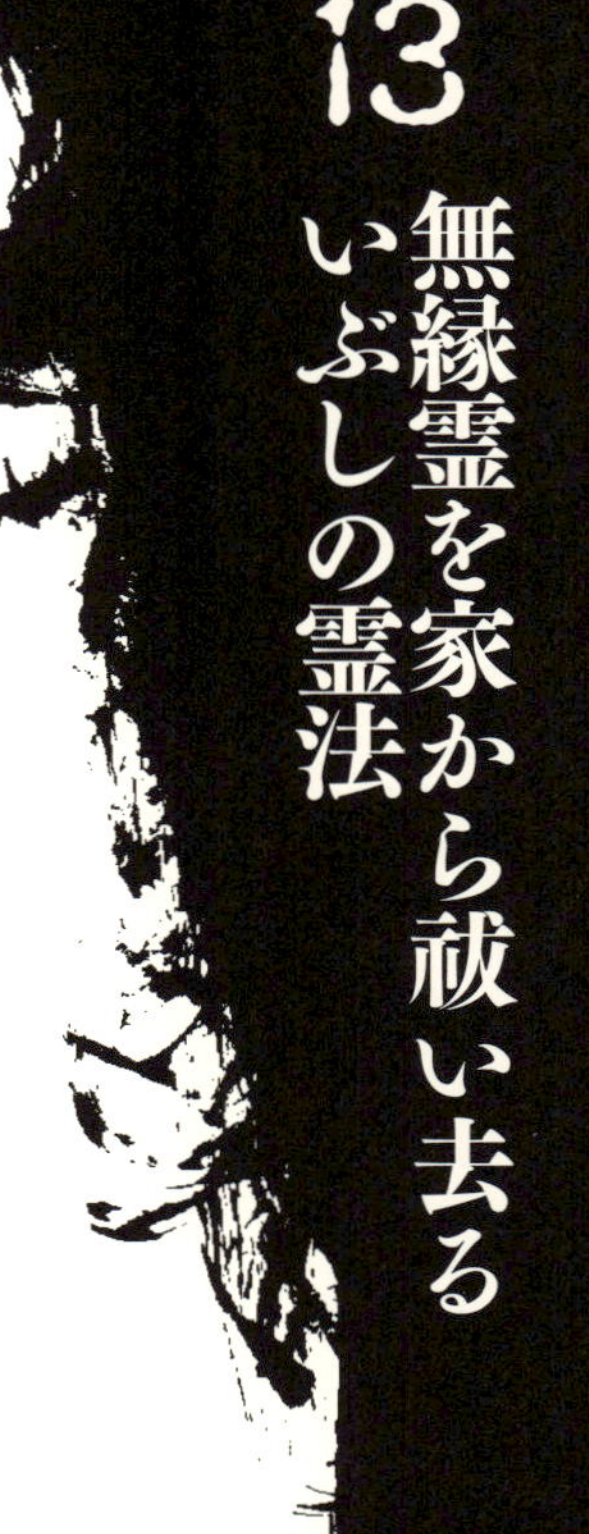

13 無縁霊を家から祓い去るいぶしの霊法

これが霊法にかなっているのかどうかは問題ではない。霊魂に対して失敬なやり方だと言われればそれまでだが、確かな効能はあると思う。用意する品を書き並べてみよう。

①生ネギを一本か二本
②もぐさ三袋
③タマネギ1／4個程度
④線香。箱入りならば二箱ぐらい
⑤色紙、それぞれ色のちがう紙五枚

⑥ニンニクを二粒ぐらい

⑦洗面器かバケツ（使用していない古いもので可。だが一度、煙出し用に使ったら、他には使えないからこれ専用に）

まず、やらなければならない意味あいから説明しよう。

人混み、繁華街などにはさまざまな悪しき霊気が浮遊しているものだ。そして当然のことながら、そこを通る人に取り憑いてくる。だから繁華街に外出すると、一緒に不浄や邪気の霊に取り憑かれて帰宅するなどの理由から、無縁の霊が家の中にこもりやすい。そうした霊に長い月日にわたってたむろされたら、マイナスの霊現象が生じてくるのは間違いない。わけもなくイライラしたり、怒りっぽくなったり、シュンと気分が沈みがちとなったり、身体に苦痛を感じたりする原因が、不浄や邪気がこもるからとする観点からの発想である。

さて、それらを祓う方法だが、まず、ネギ、タマネギ、ニンニクをこまかくみじん切りにする。線香も適当に折ってしまう。色紙は三センチ角ぐらいに切る。寸法や形にとらわれないでよい。そしてもぐさも容器に入れてよくかきまぜて、一日か半日ほど、どこか邪魔にならないところに置く。

施法(せほう)する時刻だが、夕方の六時から翌朝の六時頃までだったら何時でもいい。しかし隣近所のことを考えて、夕食の時間や、あまり遅くてもとやかく言われそうだし、かといって屋外の通りでまだ人がうろうろしている時間帯も困るので、よく状況を考えねばならない。

まず臭いの激しい品物を入れた容器を台所の流し場に置く。やることは簡単だ、点火するだけでよい。くさい臭いと煙りが、モクモクと室内にこもるはずだ。各部屋の仕切りは必ず開いて、どの部屋にも煙りが届くようにする。どこか一カ所の窓ガラスを適当に開けておく。つまり、煙りの放出場所、邪気不浄の出口を作っておかなければならない。品物の乾燥具合や不浄や邪気が重いときは、いぶす勢いが弱まるので、うちわやせんす等でときおりパタパタと風を送ってやれば調子よく燃える。だが注意していないと後で目が痛くなったり臭いが激しいので大変だ。

息苦しい涙がどんどんあふれ落ちる。これも施法者の業(ごう)だと観念しなければならないが、激しい苦行(くぎょう)にも似た時間帯となる。早ければ十五分ぐらいで燃え尽きるが、一時間たってもなかなか燃え尽きないというときもあるので時間は決められないが、およそ三十分くらいが相場のようだ。火の気がなくなったら充分に水を入れて、溝に流すか、台所に流してよい。月に一度程度か、憂鬱になったときに実行したいものだ。

これは家全体に関わる方法だから、家族ぐるみの協力がなければできないのが欠点であるが、やるしかない。それに隣近所に文句がでないように、また通行人に「火事だ！」と騒がれないように、家族の一人か二人が外で立ち番をする必要もあったりしてみんなが神経をつかうが、それだけ一人ひとりの集中力が結集して念力も大きくなるといえるだろう。とにかくもうもうと煙りが部屋中いっぱいになる。目が痛む、ノドがすごくいがらっぽくなる、涙と嗚咽の大ふるまいは、まさにあなたにもできる修練の行場といえよう。

14 洗い米によって不浄霊を流し去る方法

　これは三十数年も前に盲目の老女の霊能者から教示されたものだ。その当時、どんな理由からか、多くの不浄霊（ふじょうれい）が我が家に数多くたむろして、家族のみんなが心身の調子が悪いと訴えていた記憶がある。たぶんいろいろなことがアンバランスだったのだろう、この方法で私の家族が救われた記憶がある。

　さて、このやり方だが、不浄霊を米粒にたからせて川に流す方法である。洗い米を約三合三勺、ざるに入れて半日ぐらいおき、夜になって各部屋に米粒をバラまいておく。一日か二日そのままにしておいて、ほうきで丹念に掃き取る。そして川に流す。そのとき日本酒（一合程度）を一緒に流してほしい。霊的な方法といってもこれだけのことだ。

十数年前に私がこの方法を教えてあげた人が、実にまめに続けているという。その人は今、私立高校の校長になっている。この施法がもう習慣となっているようだ。断っておくが、その人はまったく信仰のない人と言っていいくらいで、年末年始や近所のご神祭のときにお参りしたり、春秋のお彼岸やお盆に墓参りをしたりする程度で、いわば無信仰そのものの家庭である。そこの妻女がこう言っている。

「学校には優秀な先生方が多いのに、主人はどういうわけかスルスルと校長にされましてね。あの施法のおかげとしか考えようがありません。叱られるかもわかりませんが、畳のほこりも一緒にとれて、オホホホ」

――信じて実行されるから、あの世はよく見ていて、その時その時の応援とか働きが大きいのでしょうな。

彼女の明るく笑う声には陽気心が感じられた。世の中には死ぬほどの苦しみ、むごたらしいほどに制圧され、宗教団体の下で犠牲にも似た信仰をしている人も数多いというのに、この人の軽やかさといったらない。彼女の家庭に実によく合った方法を気持ちよく長年実行される態度に、あの世も魅力を感じたことに違いない。

15 日没観を用いて心を浄める霊法

あるお経に「日没観」という教えが伝わっている。この方法はそれを実行したまでのことだが、心洗われるとか、妙にしっとりと心が落ち着いたりする効用がある。世は無情、人生まさに常ならずを心中深く味わえる方法だ。

まず第一に場所の選定を必要とする。我が家のベランダでも可能ともいえるが、最もふさわしい場所は屋外、それも少々広い河原、野原、土堤などだ。そして、曇りの日や雨天の日ではダメで、少なくとも夕日が見えなければ施法できない。春夏秋冬、それぞれ日没時間は大きく相違するが、とにかく夕景、今まさに夕日が西の彼方に没しようとする頃にする。ここでも情景の点で条件が必要である。本来ならば夕日が没する山の峰が望める場所でなければ困るのだが、大都市に住む人には無理だろうから、ビルの屋上に日が傾く情景でもよい。とにかく大陽が没するのが望めれば我慢しよう。

まずリラックスしてあぐらをかくというか、無理のない姿勢で座る。姿勢がどうのこうのなどの制約はまったくない。心静かに西に遠く夕日が没するのを眺めていると、そこはかとない、寂しさ、わびしさ、悲しさが胸に満ちてくる。その日の、プラスでもマイナスでもいいから出来事の反省、それが妙になぐさめにも似たような心気となったり、ずいぶん昔のことなどが浮かんで、まるで童心に返った気分に浸れたり、心が落ち着いたりするはずだ。また人生の哀れさ、無情なども抑えようとしても抑えられず、泣きたいような気分にひき込まれるときもあったりする。

気がつくとあたりは夜の帳に包まれ、何か自分が一段と向上したような気分に浸れる。心の底からの自然な満足感からか、しばらくは笑みが浮んだりもする。都会の河原でやると、やかましい音に心気が奪われるのではないかと、へそ曲がりの人は言うかもしれないが、いざ実践してみると、実にするりと地上に自分一人だと思える心情となるのも、この霊法の不思議の一つである。仏教の経典に述べられている真意とは大きく隔たりがあるが、これの活用法を自分でも実行してみて、予想外の効果にとくとくとして今も続けている私である。

この施法にあたっての注意を個条書きにしておく。

①無情感を感じるあまり、逆に自分自身を悲観してつらくなる場合があるからよく注意する。

②野原、河原、土堤を選ぶ際にはなるべく人通りや車の往来が多い所がいい。

③何かの邪魔が入ったらただちに施法を中止する。

④一人より二人以上で共に実施すれば何かにつけて都合がよい。

⑤霊的な意味あい、つまり憑霊現象の有無だが、今まではなかった。

⑥幻想とか幻視などと言われるかもしれないが、西の彼方の天空や目の前に何かが見えるときもある。

⑦西の空がまだ明るい頃合いに止めてほしい。

⑧終わりに「ありがとうございました」と一礼するのも礼儀だろうし、最初に事柄を告げてお願いするのも心づかいというものであろう。

⑨何かを視よう、霊声が聞きたい、霊感力をつけようなどの気持ちでのぞむと、間違いや凶事となるので心してほしい。

16 霊界への強烈な願いを深夜にする霊法

かつて私の先祖にあたる霊が、幽界・霊界に最も近く接する時間帯は午前一時すぎから午前三時三十分ぐらいの間だと教えてくれたことがある。この時間内に、我が家の仏壇、神棚、あるいは自分の部屋でも、寝室のふとんの上でもいいようだが、あの世に向かって思念を集中させる、ただこれだけのことだ。

ちなみに、神社、仏寺に切実な祈願を必要とするならば、午前一時三十分頃から三時三十分頃までが一番よく効くことになる。

とはいえ、夜は何かにつけて危険だ。へたをするとドロボウに間違えられたりする。したがって一般には無理をせず、日中の午後一時三十分から三時三十分に参詣すればいい。だが参拝時間が最も浄まっているのは、やはり早朝などのまだあまり人がお参りしていない時間だ。ただし、それは日常の感謝とか簡単な自分の身辺の浄化祈願程度のお参りであって、強烈な願いを霊界に通じさせようとするならば、さきほど述べた深夜の時間帯が最適といえよう。

夜眠れぬときは、なんらかの霊が寄り添っているものといえる。悶々と眠れぬ苦しみでのたうち回るよりも、「今、私のところへ来ているお方様、私には力がありません。般若心経を一巻差しあげますから、これでお好きなところへ行ってください」と願って、心経をつぶやくのも効果があるようだ。

17 日暮れ時の霊感能力利用法

これはやり方というよりも心得だ。

もう二十五年ほど前のことだが、片田舎で小さな荒れ寺を住居にして、近辺の人々に施法（せほう）をしたり、悩める人たちに拝み屋をしたりの生活をする老尼僧（にそう）がいた。

この人は、霊魂の動きが活発となり人心を襲うのは夕暮れだとする持論を持っていて、人々に教え、注意をうながす尼さんで、たしか八十八歳までは生きていたと思う。

先ほどの「日没観（にちぼつかん）」にも通じるような気がするが、とにかく夕暮れになると老女独得の何かがあるのだろう、仏座の阿弥陀（あみだ）様に向かって黙然（もくぜん）と身動きもせず、なにか心念を凝（こ）らしている姿を何回か見た。この人の霊示（れいじ）には、日暮れに注意すべきだという内容が多かった。たしか、側近の者たちに、日暮れに家相、墓相、人相、会社相、事業相を霊的に見る方法を教えていたように思う。霊能力者ではなく、ごくごく普通の人が感得する方法だと強調していた。

この方法にはたしかに真実が含まれているような気がする。私も仕事柄、墓、家、建築物や地所などについての霊的な感想をもとめられる場合が多い。実際に夕暮れか雨上がりに見ると、より真実に近いものがうかがえる。

だからといって、一般の人が霊作用をうながすような作業や行事はやってはならない。普段は横着な私でも、夕暮れには心を注いでいる自分に気がつく。日が暮れると夜の世界だ。夜は魔物の世界などと子供の頃からいわれてきた。昔の人の言葉に逆らってはならない一例だ。ちなみに火の魂（たま）にも何回か出合ったが、夕暮れか夜が白々と明ける頃だった。怪談のせいで火の魂など夏のものとされやすいが、冬でも午前五時頃に見たことがある。

18 お地蔵さんの花筒の水を使う霊的方法

私が二十五歳のときにはもう二人の男の子がいた。ある時期、二人とも指に豆粒大のイボが四つ五つできた。このまま成長したら困ると思うのが親心というもの。当時の薬をいろいろ買って使ってみたがダメ。人々があれがいい、これがいいという方法をやってみたものの全然効きめがない。

ある日、昼食後にうつらうつらと眠けがさしてきた。おぼろおぼろに何かの状景が目に映ってきた。お地蔵さんが見える。そこに老女が一人と子供が二人いるのがわかる。何をしているのだろうとよく見ると、お地蔵さんを拝みながら、花筒の水を掌(てのひら)で受けては子供の手指にこすりつけているのだ。

それだけで終わって、ふっと我に返ったのだが、花筒の水を取ってイボにこすったら治るんだと直感した。考えてみれば、霊夢に現われたのはどうやら昭和の初めに亡くなった私の祖母で、子供二人は私の息子だろう。早速実行に移した。幸い近くにお地蔵さんがある。祖母のしぐさどおりにやって、その場で子供たちの手指になすりつけた。それから二日目の晩には、見事にイボが消えてしまったのである。

以後、人々に伝達する機会がなかったが、三十年前頃からこの仕事をぼつぼつやり始めて何人かの人に教えてみたが、効きめのあるなしは半々だった。効かなかったのは、子供を現場に連れていって施法しなかった場合や、我が家に持って帰って使った、お願いやそのときの所作に間違いがあったなどの理由があるように思えてならない。イボが消えた人の弁によると、我が家の墓、仏壇の花筒で効いたという。思うに花筒の水は日数が経ったものがよいのではないだろうか。

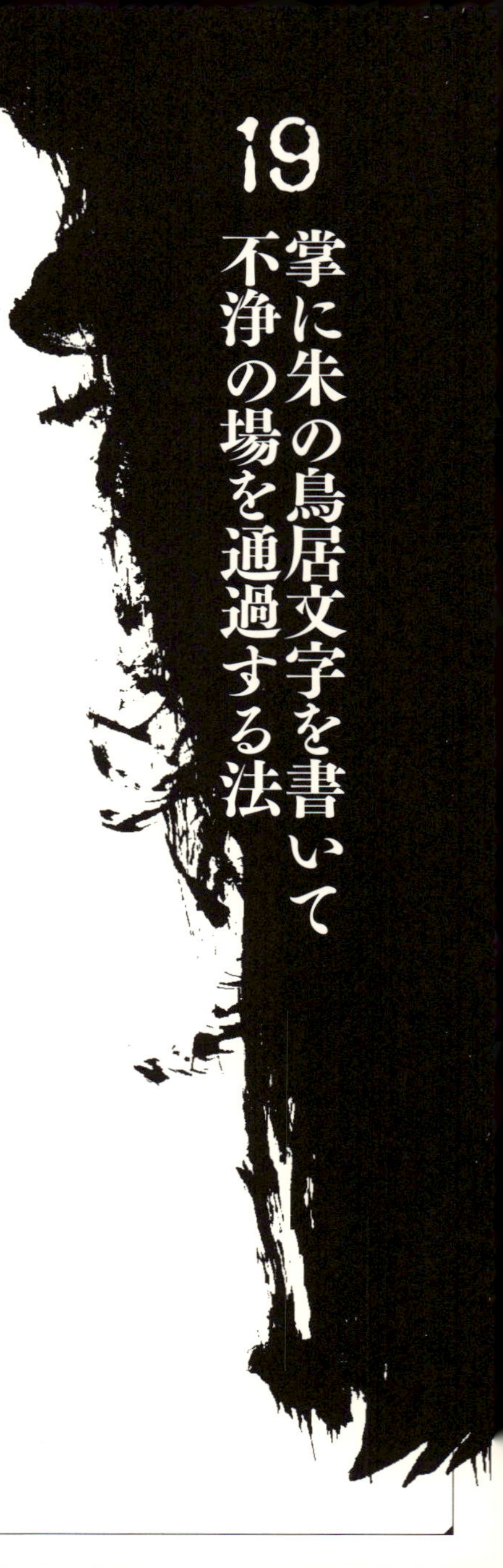

19 掌に朱の鳥居文字を書いて不浄の場を通過する法

人間の一生の中で、結婚式と葬式が一番大きな儀式だろう。人々は披露宴にはこぞって参列するが、葬式の参列は忌み嫌う風潮がある。だが、あの世にもどって行く死者に対して最大の礼を尽くすことこそ、とても大切である。やがて自分も霊籍にもどることを厳粛に考えれば、死者の冥福を心から祈り、やがて我が身であることを深く心にとどめて、残された自分の生涯をよりよく過ごそうとする気持ちがつちかえるはずだ。それなのに、人々は頭から嫌う傾向がある。仏事、霊事が霊因になるという、あまりにも間違った近年の思想が、葬式への列席を厭わせるのだろう。

私のところに知人はともかく、知らない人までもが連絡してきて、「通夜、葬式にどうしても行かねばならないが、汚れを落とす呪文(じゅもん)やまじないがあったら教えてほしい」と言う。ずいぶん身勝手な話で、死者に対して侮辱(ぶじょく)もはなはだしいと、相談されるたびに内心怒りを感じるものだ。

しかたなく「何か妙法はありませんか」と、何回かあの世に尋ねてはみたものの、まったく返答がない。いつのまにか忘れていた頃、ある夜、夢を見た。何かの小さな集団の頭領らしき男が、十数人の男女に「どうしても弔いに行かねばならぬのなら……」と言う。そして、男は左の掌(てのひら)、女は右の掌に、朱文字で开型、つまり鳥居を書いてやっている。その瞬間、目が覚めた。

おかしなことにその翌日から「葬式にどうしても出席しなければならないが、交通事故死で気味が悪いので何か方法はないか」などのたぐいの相談がしばらく続いた。私は思いきって、「男は左の掌、女は右の掌に……」と霊夢どおりに教えてあげた。

その結果は、気持よく帰れたという報告が多かった。また、就職や入学試験の面接などに応用している方々もいるそうだ。ともかく、妙な手伝いをさせられるものだ。

20 家出人を呼びもどす霊法

これはもう二十数年前に亡くなった老祈祷師(きとうし)から教示してもらった方法だ。だが、この方法を私自身は使用したことがない。また、伝えてあげた人々が実際に実行したかもよく知らない。それに教えた人もごくわずかなので、効果を判定する資料としては私の手もとにまとまったものがないのが残念だ。

やり方は簡単だが、問題はその材料があるかどうかだ。現在では使われていない品物を必要とする。家出人の下駄(げた)か草履(ぞうり)がいるのだ。鼻緒(はなお)を右と左をそれぞれ結ぶ白色、黄色の水引きもいる。使い古しのものでもよい。その水引きで鼻緒をぴっちりと結んで座敷の方に先を向けて玄関に置く、ただこれだけのことである。下駄、草履ともに本人がなるべくよく履いたものがよいそうだ。

「靴やスリッパではどうでしょうか?」と聞かれたら、「さあ……」としか答えようがない。また別の人だが、苦しまぎれに考え出した案は「下駄や草履をしばって家の奥に向けておく方法であればいいわけで……」と、新しい品物を求めて、そのおまじないをしたらいいと言う。

なるほど。しかし、一番いいのは、仏壇に一所懸命お願いするのが効果があるように思えてならない。だが、本人には本人の宿命的なものがあり、運命の一つの経験だろうから、流れに逆らわずにその動向を気にしながらも、あの世まかせであまり気にしない方がラクではある。

21 麻を用いての除霊の方法

現在では麻の衣類が少なくなったが、麻は除霊（じょれい）の力となるようだ。神社で神官がお祓（はら）いをする幣（ぬさ）には麻がつけられている。御霊箱や神礼も麻ヒモで結ばれている。寺院では僧侶の着衣も麻が多い。つまり麻は霊の接近を防御しているということだと思う。

エアコンなどが普及する以前は、まだ夏の夜には欠かせぬものだった蚊屋（かや）は、私たち老年の者には昔懐かしい風物だが、蚊屋も麻でできているものが多かった。怪談にも部屋に吊った蚊屋の中にいれば幽霊も入れぬとする話が多い。麻が除霊に効きめがあるとして、少しばかり古文献や老僧や老神官などから資料を集めているが、まだ発表できる段階ではない。しかし、大昔から霊的な行事に使用されているのは間違いないようだ。神社、寺院にあって麻の存在は大きいようだが、なぜ麻を使うかは、まだはっきりと解き明かされていない。それぞれに所論はあるようだが、なるほどとうなずくにはまだほど遠い。

これは私の体験だが、琵琶湖(びわこ)のほとりの小さなお社(やしろ)に必要があって、どうしても参らねばならなかった。そのとき、不用意な参り方をしたためか、上半身が弱電気にでもやられたようにビリビリと痛い。そして異様な臭いがする。ほうほうの体(てい)で帰宅したが、ここに参らなければ次に進めない。考えた末、麻のダブダブの上着とズボンを急造し、身にまとってお参りした。その結果はというと、マイナスの現象は少しも見られなかった。それどころか、いきなりスカッとした雰囲気に変わったのである。力の強いマイナスの群霊(ぐんれい)がお社を占領していたのが、麻の威力で退散したのだといえよう。麻の服をこんなふうに使ったらどうだろうか。

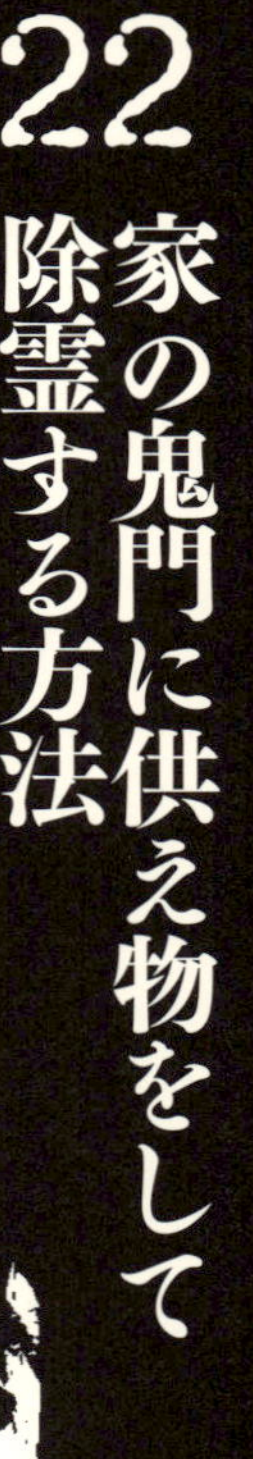

22 家の鬼門に供え物をして除霊する方法

家の東北と南西、これがいわゆる両鬼門だ。そこで行なう施法である。用意する品物を記すと、①長めの線香九本、②ロウソク一本、③酒(日本酒一合)、④野菜・果物それぞれ一個、⑤塩(三合三勺)、⑥水(どんぶり三杯)、⑦お頭付きの魚を三尾(焼いても煮ても生でも、頭がついていればよい)。

これらの品々を北東の隅に供える。並べる順番などはどうでもいい。線香、ロウソクに火をつける。これで準備はできた。

まず最初に、北東の隅の供え物の前で、

「ここの家屋敷の主神さんや日々働いてくださる皆様方に、お供え物やお酒などを差しあげますので、どうぞこの家屋敷や家族たちをお守り、お導きください。また、無縁の方々はこのお供えや線香、そしてとなえます言葉に乗って、どこか幸せな所へ行ってください」

と願うのだ。もちろんその前に合掌礼拝が必要だ。次に、お経とか祝詞だが、禊祓いの祝詞三回、つづいて般若心経を三回読みあげてほしい。禊祓いの祝詞も般若心経も知らない人が多いだろうから、とりあえず禊祓いの祝詞を記す。

「カケマクモカシコキ　イザナギノ大神　ツクシノヒムカノ　タチバナノオドノアハギハラニ　ミソギハライタマイシトキニナリマセルハライドノ大神タチ　モロモロノマガゴト　ツミ　ケガレヲ　ハライタマへ　キヨメタマヘト　カシコミ　カシコミモウス」

これを三回繰り返す。一礼して次に般若心経だが、これは仏具店や書店で売っているので買いもとめていただきたい。これを三回繰り返したあと、もう一度前述の言葉を繰り返して三礼して、それぞれの家の宗旨のお題目などをとなえる。南無阿弥陀仏とか、南無妙法蓮華経などである。つづいて、酒、塩の順番で供え物のまわりにまき清める。その際となえる言葉は、

「テンショウジョウ　チショウジョウ　ナイゲショウジョウ　ロッコンショウジョウ
アマツカミ　クニツカミ　ハライタマへ　キヨメタマへ」
で、これを繰り返したらいい。その後、お供えの品物はみんなで食べてもいい。近くに広い川があれば、流してもいい。残った線香、ロウソクはゴミ箱に捨ててもいいし、とにかく余分な神経を使わなくていい。
施法する回数は、年に一回か半年に一回が適当だ。この方法に相性が合う諸霊は必ず治まるが、合わない霊魂ならば従わないのは当然といえよう。たとえば先祖先亡者関係の因縁はダメだろう。外から入ってきた霊、その土地にたむろする霊らへのやり方としてはふさわしい方法だ。施法の際に、義理や厄介だというような心境は禁物。礼儀を尽くす心こそ必要だと思う。人間様が非礼を働いているのだから、むしろ、「ごめんなさい」の気持ちが効果を大きくする。

23 石笛でする招霊、浄霊の鎮魂の方法

これは二十年ほど前の話だ。

京都の有名な観光寺院の管長と、とある一室で対話しているとき、近くから実にきれいな音色が聞こえてきた。すると管長が「ああ、お参りなさったな」と言った。私が不審な顔をすると、

「いや、春、夏、秋、冬の四回きまって来る方なんです」

——ほう。あの音色は石笛か岩笛では？

私は直感でそう言った。

「そうです。吹いている方は書道とお茶の先生でしてね。北陸の方にお住まいなんで

す。それがどうして京都まで来て笛を吹くのかというと、先祖様がここの寺で一生を勤められたからなのです」

――管長さんだったのですか？

「いや、位でいうと四番目ほどの人でしたが、この人の読経（どきょう）の美しさには並ぶ者がなかった、と言い伝えられています。また、尺八（しゃくはち）と笛の名人だったそうです」

――なるほど。私も石笛を持っています。吹けるんですよ。

話のはずみで、私も余分なことまで言い出した。

「そうですか。じゃあ今日あの人がお吹きにおいでになったのもまんざら……」

管長も興（きょう）が乗ったと見えた。

管長が私をその人にひき合わせてくれることになった。案内してくれるままについていくと、仏所に七十歳ぐらいのこぢんまりした男の人が目をつぶって石笛を吹いていた。そのさまは巌然としてまさに一分の隙（すき）もない。岩をも切り崩すような清く突き刺すような、また、滝壷に落ちる水音のような音色は、どんな楽器にも比べられないだろう。以下はその人と私との対話だ。

――あなたはどこで石笛を手に入れられましたか？

「いいえ、由来（ゆらい）をお話しするような由緒（ゆいしょ）あるしろものではありません。滋賀県の瀬田川（せたがわ）上流の川底から拾ってきました」

——ほう、誰に教えられてですか？

「いいえ、文献に石笛のことが書かれてあって、妙に心がひかれましたので何となく」

——なるほどそうですか。やはり祖霊様とのつながりがあるのですね。

「そうだと思います。祖父は尺八の名手でしたし……」

——ええ、そのようにつながりのある人をあの世のお方様たちが仕組まれるのです。

「教えてくれる先生もなく、どんな石笛なのかもわからず吹いているだけなのですが」

——そうです。たとえ教えてもらわなくとも、除霊、浄霊、安らぎ、鎮魂を感じるでしょう。

その人は私の言葉に深々とうなずかれていた。とても気持ちのよい一夜であった。

さて、石笛の作り方を教示しておこう。

広い川の上流の川底か、海の底にある黒い石がいい。大きさはタマゴ大からせいぜいがタバコの箱ぐらいのを拾って帰る。表面に幅一センチ深さ一～二センチほどの穴をあける。あけたところで唇を穴につけて自分流に工夫して息を吹きかける。これだけでいい音色が出るはずだ。誰でも吹けると思う。

最初は鳴らなくとも、とにかく吹き込んでいけばいい。穴の数は二カ所ぐらいが適当だ。自分でやりにくかったら、石屋さんに頼めば穴をあけてくれるだろう。

本当は自然に穴があいた石が見つかれば、あの世からいただいたもので効果は抜群といえよう。気持ちのいいことだから、皆さんもぜひ試してみるといい。

24 指文字でできる霊界への祈願の方法

やり方は実に簡単だ。仏壇の前に座って心を落ち着け、自分の意志や願いごとを右手の親指と人差し指の両方を使い、文字を仏壇に向かって描くだけのことだ。文字の長さだが、手紙のように長文ではどうかと思う。簡単明瞭なのがいい。それとカタカナか漢字がいいように思われる。しかもきっちりと楷書で描いてほしい。

例をあげてみると、「ユウウツヲ　トッテクダサイ」とか、生まれながらの姿のような魂であってほしい、そうした自分でありたいとするならば「天真」と描けばいいのだ。

何かお遊びのように思えるかもしれないが、これで案外に霊界交信がたやすくできるのだ。なにしろ相手が先祖さんだから、好きなことが描ける。その時々の自分の念力がもたらす乏しい想念よりも、指文字の方が効果大だと思う。私の体験からもそう言える。

ただし、一つの意味や願いごとがすんだら、右手で描いた文字を必ず消してほしい。あるいは字の上に×印をすること。そうしなければ、いつまでも文字が残ってしまう。いらざる影響が生じる原因ともなりかねないから要注意である。

25 老行者が教える簡便な除霊法

ずいぶん昔のこと、京都の有名な神社の境内（けいだい）で、行者（ぎょうじゃ）らしい老人が困り果てたようにうずくまっていた。病気かなと思い、声をかけてみた。

——行者さん、病気ですか？

「いや、路銀（ろぎん）が果てまして……」

詳しい話を聞かせてもらった。

持ち金がこれくらいでいいだろうとして修行の旅に出たが、思いがけない出費が続いてお金が尽きたらしい。老人が身につけていた身分証明書に熊本県とあり、お年寄りの身で大変だろうと思い、十分に帰郷できる運賃を差しあげ、昼食を共にしてから京都駅までタクシーに乗せたことがある。

そのときに老人からタクシーの中で教えてもらった鎮魂歌を紹介したい。極秘の方法かと老人に確かめると、広く伝えてほしいということなので何人かに教えたことがあるが、今回初めて活字で公開する。

まず正座をする。次いで目をつむる。そして両手を好きなように楽に組み、静かに両膝の上にのせる。それからおもむろに発声する。

「ヒイ　フー　ミー　ヨー　イツ　ムー　ナナ　ヤア　ココノタリ　モモチヨロズ

フルベユラユラ　フルベユラユラ――我が手にぞ　神の　ゆうふしできりかけて　印結びなば神ぞ来ませる」

これを七回繰り返す。そうしているとさまざまな雑念が湧く。それを上手にとらえればいいと教えてくれた。

もちろん鎮魂法は他にも多くの方法がある。奈良県の石上神宮の鎮魂法が最要の法式のようだが、この道の先人たちもそれぞれの方法を持っている。また、各宗教団体極秘で独自の鎮魂法があり、私も二つ三つの流れを習得しているが、秘伝とされているのでここでは記せない。

もちろん、くだんの老人が私に教示してくれた以前に自分なりの鎮魂法を知ってはいたが、老人の方法をありがたく拝受した。清浄な室内、神前、神社などでそれぞれに使えるが、仏寺での施法は間違っていることを忠告しておく。

教えられた鎮魂法を川での水行に使っている人があると、風の便りで聞いたり、またある人が湖での水行に使っているとも聞いた。皆さんはなかなかよくアレンジして活用しているようだ。私が教えた人々から鎮魂の効果についてはまだ聞いていない。川行の人も、湖行の人もその結果については知らない。水行に使うのは違法であり、危険であるのかどうか、私にはわからない。だが仏事ではこの方法は使えないのをよくご承知おき願いたい。

26 先祖に霊界修業の旅費を送る方法

私が熱心に先祖供養（くよう）に励むのに比例して、霊感的能力が深まってきた。その結果、あの世からのお告げがいろいろ聞こえるようになった。とくに先祖さんから何かと要求が出てきた。

その例を簡単に言えば、「修業に行くので十円硬貨を六枚、仏壇に供えてから氏神神社さんに持って行き、お願いしてお賽銭箱（さいせんばこ）に入れてくれ」とか、百円硬貨を六枚とか、穴あき銭だから五十円玉や五円玉を六枚とか、「霊界の旅の途中、お金がなくなったので六枚」のたぐいの求めがあるのだ。それもほとんどの場合、本人が求めるのではなくて、その霊を見守っているいわば守護霊とか、格の高い先祖さんの霊言（れいげん）が多い。本人は現界人の私に対して、むしろとまどっているというか迷っているという感じだ。守護霊や格の高い方に言われ、その気になって霊界修業に旅立ったものと思われる。

「いくつかのお寺参りをする途中だが、お前が手当した路銀が切れた……ようだ」などの霊声(れいせい)も聞いたりして、数年間は氏神さんにその用件でお参りする日が多かったものだ。こんなことを言うと、多くの読者はきっと、とまどわれることだろう。

「あなたは霊言を受け取れても、そうでない私たちはどうしたらよいのか?」

心配ご無用。よくあるあなたのヒラメキや虫の知らせなどを大いに活用していただきたい。あの世まかせにして気持ちを平らかにしていれば、やがてしなければいけない、などと感じる日がきっと生じるものだ。そのときは怠らず、躊躇(ちゅうちょ)せず、仏壇に十円、百円、五十円玉、五円玉のどれでもよい。十円なら十円ばかりを六枚供えて、

「先祖先亡さんに霊界修業のお金が必要か、お金が不足になったと思います。お供えします」

と言えばよい。そして、数日後でいいから氏神神社(産土(うぶすな)神社)によくその旨をお願いするのだ。ただし、前述のお賽銭のいわれと効能をもう一度よく読んでほしい。

普段の場合とは別の六十円であり、六百円であることをよく心してほしい。つまり、これはお賽銭ではない。人間は身勝手なもので両者を都合よく混同してしまう人も多い。教示のむずかしさが身にしみる。

付け加えておくが、お参りするのは氏神神社でなくても、自分の信仰の神社、仏寺でもよい。ただし、お告げがあったその度ごとにすぐには参詣できないという日常の忙しさが問題になるだろう。仏前に供えるまではしても、それが何回分か溜まったとする。そんなときには小さなノシ袋に入れて、各回ごとに別々にしておくべきだろう。日付も記入しておくとよい。そうしておいて、折りを見て神社にお参りすればよい。

27 鳥居をくぐる際の心得と霊法

鳥居は神社の門標といわれるが、霊的にはもっと深い意味がある。門衛を専門とする諸霊が居つく場なのである。いわば神社参りの受付第一号ともいえよう。したがって「住所氏名」の自己紹介、「日々のお守り、ご苦労さま」のねぎらいを言い、禊祓(みそぎはら)いの祝詞(のりと)をとなえるべきである。

「カケマクモカシコキ　イザナギノ大神　ツクシノヒムカノ　タチバナノオドノアハギハラニ　ミソギハライタマイシトキニナリマセルハライドノ大神タチ　モロモロノマガゴト　ツミ　ケガレヲ　ハライタマヘ　キヨメタマヘ」

これを一回となえるべきだ。ただし、言葉に出さずとも口の中で言うだけでいい。

それから静かに一礼の後に鳥居をくぐってほしい。

幻であってほしいといつも願うのは、神社の鳥居を多くの人々がくぐるのに、人間様だけスタスタと通過するが、霊魂様の方はここできびしく調べられてくぐれないでいるケースが多いということだ。このような状景をよく見かける私である。勢いこんで人間の体と一緒に参ろうとする諸霊が、鳥居前で通せんぼされてしまい、人間様が鳥居まで戻ってくるのをひたすら待つしかないというありさまを想像してほしい。もし鳥居がくぐれたら、その諸霊らはひょっとしたら浄化されたのかもしれないのにと思う。

その点でも、右に述べた門衛の諸霊に対する礼儀は、実に大きな力を示してくれるだろう。せいぜい心がけてほしいものだ。

28 大祓いの祝詞でする霊的秘法

これはかなり長文な祝詞(のりと)である。通常の大祓(おおはら)いの祝詞と中臣(ナカトミ)の大祓いの祝詞、さらには六月末と十二月にあげる祝詞など、三種類があるようだ。普通、私たちは通常の祝詞で充分だと思う。しかし大祓いの祝詞の真ん中に、「天津(あまつ)祝詞ノ太祝詞事(ふとのりとごと)ヲ宣(の)レ……カクノラバ」となっている箇所がある。その「フトノリゴトヲノレ……カクノラバ」の点線の部分がまったく意味をなさない。私と親交があり、酒好きでもある宮司にたらふく酒を飲ませて、その宮司の神社独特のやり方を聞き出したことがある。すると、機嫌よくなっていた宮司は、

「トフカミエミタメ　ハライタマヘ　キヨメタマヘ」

と三回繰り返すのだと教えてくれた。トフカエミタメとは、四方八方の根元の神様と考えればよい。これにさらに付け加えて「天清浄（てんしょうじょう）　地清浄　内外清浄（ないげ）　六根清浄（ろっこん）ハライタマヘ　キヨメタマヘ」と続ければより効きめも大きいだろう。

とにかく、大祓いの祝詞は禊（みそ）ぎによって、身体、精神面の罪や穢（けが）れ、汚ない物を祓い捨てようとする思想から始まった言葉である。

二十数年前のこと、しばらくの間つき合いのあった五十歳ぐらいの男の人は、一人アパート住まいで神道教義に凝り固まっていた。その人は大祓いの祝詞が大好きだったようだ。ある晩、祝詞を続けざまに百回繰り返したという。このときアパート全室の電灯が消えてしまった。管理人があわてて電気会社の人を呼んで調べたが、なかなか原因をつきとめられず、アパートが大騒ぎになったそうだ。

詳しく聞くと、彼は大祓いの祝詞の真ん中部分の言葉を霊声（れいせい）で知ったと言っていたが、どうも彼独得の呪言だったのだと思う。酒好きの宮司が教えてくれた祝詞とはまるで異なるものだった。私は興味をそそられていろいろな神道系の団体に質問してみたが、知っているのか知らないのか、どの団体の人も曖昧（あいまい）な返事しかしてくれない。「どうでもいいじゃないか」など、口を濁していたが、ここは大切な要点だと思う。

ちなみに、大祓いの祝詞とか神道祝詞は一冊になって、神具店、神社、大きな書店で売っている。意味するところは、それぞれの専門の神様たちに清浄の祓いをお願いするものである。また、日本を天孫民族の神々が平定された事柄などが、荘厳な文章である宣命体(せんみょうたい)で書かれている。

それというのも、日本語のもとをたずねれば、言葉は「言霊(ことだま)」といわれて、言語の一つひとつに霊が宿っているという観念が普遍的であった。だから神社祝詞は実に神厳性にあふれる言葉の言い回しとなっている。したがって神典を高らかに読みあげることは、いろいろな意味で霊魂を作用させるし、精神の向上、浄化に役立つものであることは言うまでもないのだ。

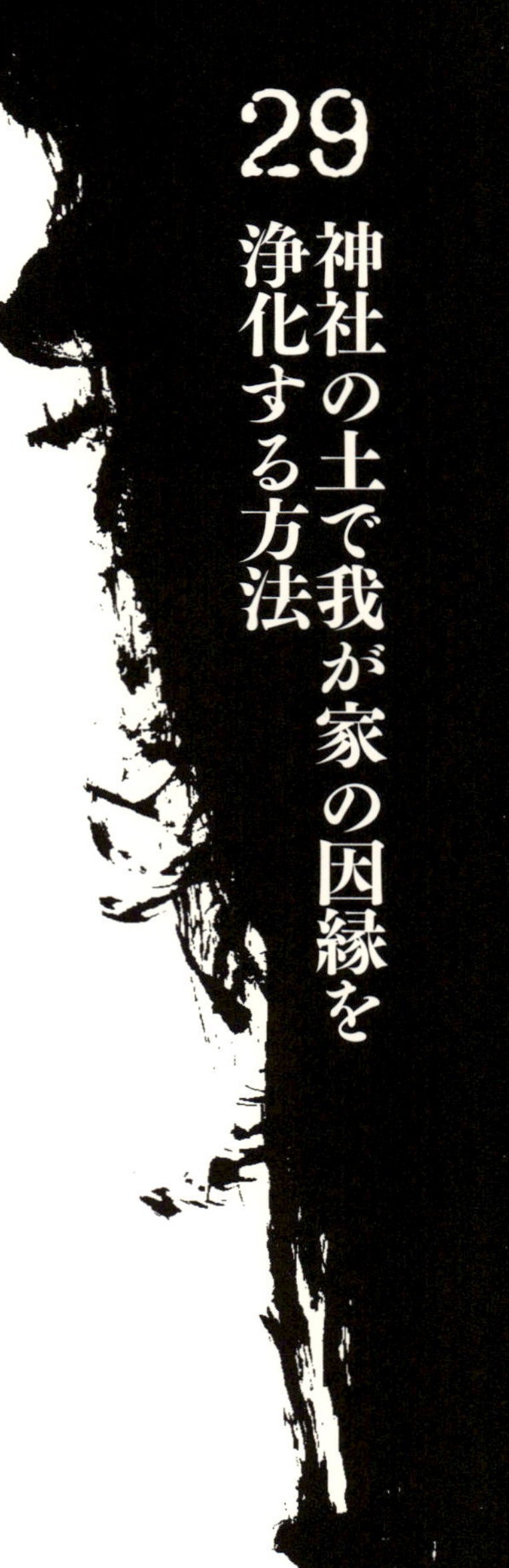

29 神社の土で我が家の因縁を浄化する方法

近年の傾向として氏神神社（産土神社）には、常駐の神官がいるところは少ないように思う。これはその数少ない神社の老神主と親交のあった頃、「霊媒師さんたちの教示ですが……」との前置きがあってから、ひとりごとのように私に話してくれたことである。

田舎町の氏神神社さんなのだが、境内はわりあいに広い。促されて見渡すと、あちらこちらにバケツ一杯分くらいの面積の土の色が他と違っている。直感ですぐ理解できた。

——ああ、家屋敷の清浄祈願ですね。

「ええ、そのやり方をワシはよく知らんのですが、どうも拝殿に酒一升とノシ袋に入れたなにがしかのお金を置き、それとひきかえに土を一升分持って帰っているようです。持って帰った土の代わりに、土ではなく砂で埋めもどしているようで……」

――ええ、川砂や海辺の砂ですな。で、ご神職はそれを許可なさっているので……

「いや、そういうわけではないんです。まあ無言の諒承ですな。みんな秘密のうちにことをなさねばならないようですが……。酒びんに書かれた字に見覚えがあったので、ある日そこの家に用があり注意して庭の北東を見ると、うちの境内の土が盛ってありましてな」

神主のそぶりから、そこの家人が見つけられたとして、おずおずとことを明かしてくれたそうだ。その方法は表鬼門(おもてきもん)の個所の土をバケツ一杯分くらい掘って、酒一升と塩約三合三勺を入れ、あまり日をおかずして、前述の品を氏神神社の拝殿でお願いして供物をする。そして適当な土をおよそ一升分もらって帰る。同時に、かねて用意している砂を山もりにして返すわけだ。境内の土を我が家の鬼門に掘った穴の中に埋める。そのとき、線香一束をくすぶらせるのだという。

掘った穴の土は神社境内のあまり目立たぬ場所にまきちらすのだそうだ。その作業の時間は自分の家でも神社ででも、夕方六時から翌朝六時までという。

老神主からのまた聞きなので、効能とか作業内容のいわれはよく私にはわからないが、目で数えるだけでも境内の異色の砂が三十を超えていた。そのとき以来各地の神社参詣の折り、境内の土を注意して見ると、時にそれらしい個所を全国で見ることができる。この霊法の出所は知らないが、好奇心を強くそそられる私である。

四国の土佐の祈祷師が、氏神神社の境内に生えている松などの小枝を、二十センチぐらいの長さにしていただき、土地神のご神体として相談者に渡しているのを見たことがある。だからこの土の利用法もなるほどとうなずけるところがある。

30 神社拝殿での心得と作法

前述のいくつかの項で詳しく書いておいたが、この霊法はそれらを総合したものであるといえる。拝殿に立ってまずは、

①二礼、二拍、一礼
②自己紹介（住所・氏名）
③日々の感謝の言葉
④前述の禊祓い（みそぎはらい）の祝詞（のりと）一回
⑤先祖浄化祈願

⑥身辺浄化祈願

⑦日々知らず知らずに犯す罪、穢れ、困縁ごとのお許しを願うこと

⑧気になることがらの祈願

⑨「何かとお願い申しまして誠に申し訳ございません。おすくいあげいただければうれしゅうございます。ありがとうございます」の言葉

⑩そして最後に、二礼、二拍、一礼

如才ないと思うが、社寺参詣に先立って我が家の先祖さんたちにお参りする旨を伝えるのがさらに効果的であろう。だが、神社仏寺そのものにはモノを願うのでも頼むのでもない。心得違いをしてはいけない。そこに崇敬の不思議な力がおわしますので、また先祖先亡諸霊がたたずんでいるだろうから手を合わせるのである。拝むとする精神が必要なのは言うまでもない。

そうした心がけで右記の①~⑩の手順を丹念にやってほしい。そうすればおのずから力が湧いてくるに違いない。

31 社寺の手洗い場での心得と霊法

清浄神聖な社寺の手洗い場での所作（しょさ）を見ていると、トイレの手洗い的な気持ちの人が多いのにはびっくりする。洗面所でうがいするのと同じ調子で、ひしゃくからじかに口をつけてガブッと一口水をふくみ、「ガラガラ、パアッ」とあたりかまわず水を吐き出しているありさまは、非常識きわまりない。

社寺の手洗い場での所作はやはり禊祓（みそぎはら）いの一種である。言うまでもなく霊法の一つである。今まで持っていた心のチリ、ゴミ、汚れを水で流し清める所作だから、決してうがいとかトイレの手洗い的な気持ちであってはならないと思う。神道でいえば、イザナギの大神が自分の持つすべての罪汚れを水で洗い流したとする教義の表われ、それが手洗い場と心得ればいい。そう思えばおのずから精神作用も少しは浄化しようというものである。

さていよいよ手洗い場に立ったら、「日々この場で働く方々、ご苦労さまです」と念じるのが礼儀だと思う。それからおもむろに右手でひしゃくを取り、まず左手を洗い、つづいて右手を洗う。またひしゃくを右手に持ちかえて左の掌(てのひら)に水を注ぎ、口に持っていき吸う。そして静かに水を吐き出す。つづいて左手をゆすぐ。

このやり方が礼にかなったものと思う。できれば最初から最後までの動作を一杯の水だけで済ませるのがよい。無理な場合は二杯でもよい。ひどい人はガバガバと三、四杯でもってあれこれ騒がしくやっているが、苦笑いどころかあきれかえってしまう。

水を使ったあと、口の中で「ありがとうございました」と念じるのも礼儀だろう。口の中や手が汚ないから洗ったりゆすいだりするわけなのではない。その所作の心のあり方が大切なのだ。これは、ある意味で霊法の基本だとも言えよう。なんといっても身の清浄を願う場なのだ。

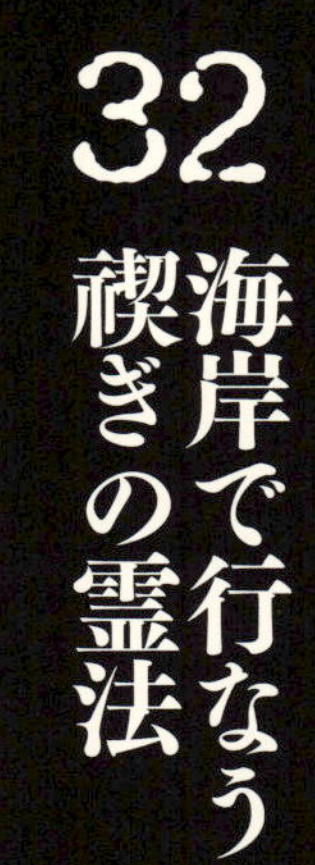

32 海岸で行なう禊ぎの霊法

和歌山県の海岸で「水行（みずぎょう）」の場に運よく出くわしたことがある。水行をしていた人たちは宗教団体というよりも、身心の鍛練（たんれん）を目的にする団体だったようだ。とはいえ、禊（みそ）ぎの祝詞（のりと）をあげたり、般若心経（はんにゃしんぎょう）をとなえたりしているので、身心の鍛練、つまりは苦行（くぎょう）によって神仏に近づこうとする宗教心の厚い人たちの集まりなのだろう。

男性は越中ふんどし、女性はさらしの白衣。まずリーダーが合掌（がっしょう）して、海原（うなばら）に向かって何か祈念している。おそらく「ただ今より水行させていただきます」なのだろう。そして前方のやや天空を仰ぎ見て、「キエーイ」の気合い一声、そして一礼、次に左方に向かい同じく一声、そして右方に向かって同じく一声だ。次いで一升の酒を前、左、右にまき清める。となえている言葉は禊祓いの祝詞。つづいて塩をまく。同じ祝詞をとなえる。それぞれ三回ずつ。つづいて一同もリーダーと同じように「キエーイ」の気合い。それからおもむろに水辺に入る。

水が足首の上部に来たところで、しゃがみかげんで両手で海水をすくい、左足そして右足、次に腹部、腰部、左肩にそれぞれ水をかける。ヒザの深さまでゆっくり進む。一呼吸おいてまた進む。腹部まで水がつかるところで止まり、般若心経を全員がとなえだした。早口で三回。つづいて胸部まで水につかるところまで進む。全員が左を向く。頭まですっぽりと海水をかぶるぐらいにしゃがむ。この動作を三回繰り返す。次に右を向く。しゃがむ動作を三回。つづいて前方を向いたままで静かに静かに後退するのだ。海水が腹部までのところで、ずっと合掌していた手をほどく。自然体でまた静かに後ずさり、海水が足首まで来たところで、二礼、二拍、一礼ののち、リーダーが洗い米だろう、三合三勺ぐらいか、海面に向かってばらまく。となえている言葉は禊祓いの祝詞だ。左手をあげる。一同が禊祓いを一回。これで終わった。

この方法ならば、広い川での水行にも応用できると思う。

33 凶夢を見たときの霊的な処理法

悪い夢を見て夜中に目覚めるということがよくあるものだ。そんなときはふとんの上で正座して、今の夢がどうのこうのと考えないで、般若心経(はんにゃしんぎょう)一回か、禊祓(みそぎはら)いの祝詞(のりと)を三回となえるとよい。

だが凶夢を見たとしても、それが結果としては善事に結びついたり、いい夢を見たのに結果としては凶事であったりする。

夢判断、それこそさまざまであって公式化できるものではない。ある人が一つの夢を見て、やがてあらわれた現象が？だとしても、あなたが同じ夢を見たからといって必ずしも同一のAという結果にはならない場合が多い。だから見た夢にこだわり、不必要に神経を使うものではない。一般的に禊ぎの祝詞や般若心経が効果があるとするのが私の持論である。

かんばしくないことや思いがけず面倒なことが、夢からの関連だと思われるにしても、夢を見たときに念詞（ねんし）した禊ぎの祝詞や般若心経のおかげで、大難になりそうなものが小難に、小難は消えてしまうということは、私自身、日頃つぶさに体験しているところである。祝詞か般若心経をとなえるだけで、おまじないめいたことは一切しないことにしている。その程度のことで充分である。

34 夜眠れないときの霊的施法

夜眠れないのは本当につらいものだ。私にも身に覚えがある。不眠の原因としては現実面での身体の機能や心理的な理由があったりするが、意外にも、霊的な現象に起因する場合が多い。

そんな夜にはどうすればよいのか。

私がやっている方法はというと、まずふとんの上に正座して、

「今私のところに来ているお方様、私には何の力もありませんので、ただ今から般若心経を一巻差し上げますので、これに乗ってどこか幸せなところへ行ってください」

と頼んでみることだ。そして静かにゆっくりと般若心経を読みあげる。それから、

できるだけ足もとを高くしておいてそれに足をのせて眠ってみるのがよい。また、般若心経をとなえたあと、自分の部屋などの整理整頓をするなりして、少し身体を動かしてからふとんに入るのもよい。

あなたのところに来ている霊魂自身がしたいことなどを、あなたが霊魂に代わってするのだ。言ってみれば、霊魂が「ごそごそと動きをしてみせよ」と命令しているわけだ。そんなときには自分の意志とは無関係に身体が動いてしまうから不思議だ。霊魂に動かされたといっても、それによって事故が起きることやマイナスの結果は決してないから心配無用である。

眠れないというのもそうした現象の一つだが、とにかく無理に眠ろうとすれば、よけいにいらだたしくなるものだ。不眠に困っている人にはこの方法をお勧めする。

35 腰痛解消の霊的処置法

腰痛に悩んでいる人はずいぶんと多いものだ。私が日頃愛用している方法をお教えしよう。用意する品は、硯(すずり)、墨、太めの筆、酢とタカノツメ(とうがらし)を二本、コンニャク一枚、土しょうが一個。これらの品々を仏壇に供える。腰痛を治してほしい旨をよくお願いしてからひきさげる。

まずはしょうがをおろしがねですりおろす。タカノツメをみじん切りにする。酢を盃(さかずき)に二杯分を、タカノツメとよくかきまぜて硯にのせ、墨でよくすり合わせるのだ。

一方ではコンニャクをほどほどにお湯で温めておく。これで用意が出来た。

腰痛の人をうつぶせにさせて、よくすったスミ汁を筆にたっぷりしたため、腰部にまんべんなく「の」の字を描くようにして塗る。このときには何の約束ごともない。何度も何度も「の」の字を描くのだ。それこそ気のすむまでだ。次に土しょうがを腰の患部に塗りつける。そして ほどほどに温めたコンニャクをその上にのせる。つづいてその筆で両足裏に同じように「の」の字を描き、タオルなどの布きれをのせ、施法者が足でゆっくりゆっくり踏んであげればよい。

この方法が霊的ではないとおっしゃる人もいるかもしれない。ところがこれを私に教えてくれたのが霊人なのだ。昔から私はよくギックリ腰（ちんぎり腰）をやったものだ。あの世の方がかわいそうに思われたのか、疾患の最中に霊視でつぶさに前述のように教えてくれたのである。それ以来十数年が経ったが、不思議にもギックリ腰にはならない。だいたい一年に一回は必ず起こる持病だったのが嘘のようだ。ギックリ腰の痛さ、つらさというのはなった当人でなければわからない。腰痛でも食事だけは普段と変わらないので、他人から見ればまるで贅沢病だ。それに四、五日、ひどいときには一週間も寝たきりになってしまう。家の人もおだやかではない。この病気がでたら、是非この施法を試してみることだ。コンニャクが冷たくなったら、もう一度土しょうがをすりおろして腰に塗り、温めなおしたコンニャクをあてるとよい。

36 雨降りの晩に行なう自宅浄化の霊法

これも前に登場した盲目の老女霊媒師(れいばいし)から教えてもらった方法だ。二十数年前から今日まで時折り、私も実行しているが、実に清々とした感じになり、清涼感そのものにひたらせてくれる方法だ。用意する品は、

①日本酒を一升ビンに二本か三本
②洗い米約三合三勺
③塩を一袋

ただし、施法(せほう)にあたっては条件がある。雨降りの晩でなければダメだと教えられた。それもシトシト降る雨でなく、土砂降りに近いほうがいいという。

まず最初に、台所、風呂場、トイレ等々、これらの場所に酒を注ぐ。それから屋外に出て家の正面から右回りに酒を適当にまいて歩く。一本がなくなれば次の二本目を使う。一回りしたら戸外の道にもまき清める。続いて洗い米も酒と同じ要領でまく。戸口の外までまかなければならないので、よく考えて途中で米がなくならないように注意すること。さらに塩も同じ要領でまき清める。

施法中にとなえる言葉は、

「天清浄(てんしょうじょう)　地清浄　内外(ないげ)清浄　六根(ろっこん)清浄　天津神　国津神　祓(はら)い給(たま)へ浄(きよ)め給へ」

これを口の中でとなえていればよい。

簡単といえば簡単な方法だが、心気(しんき)を込めてやってみると、実に効果的な方法である。ぜひお勧めしたい。

37 身体の痛みをやわらげる霊的方法

この施法は、霊因がいわゆる憑依霊現象ならばよく通用する。疲れや痛みなどにも効用があるようだ。

まず、入浴して湯舟から出たときに塩を一つかみ持って、全身あるいは痛みや疲れの感じられる患部になすりつける。そして水かぬるま湯でよく洗い落とす。それから家族の誰かに施法者となってもらい、線香三本に火をつけて全身をくまなくなでるように施法してもらうのだ。

そのとき、当人か施法者のどちらか、または二人が一緒に般若心経をとなえるか、もしくは自分の家の宗旨のお題目や念仏を繰り返してもよい。しばらくしてから半紙で着衣の上から全身をなすりつける。一枚、二枚、三枚でやめ、すぐさま門口に出て半紙を焼いたらよい。そして焼け残った灰を水で流すのだ。

私もこれまでに何十回か施法してあげたことがある。どなたでも快癒感があり、痛みや疲れが和らいだと聞いている。

38 夜道で恐怖を感じるときの霊的な処法

だれにでも経験があると思うが、急にただならぬ淋しさを強く感じたり、怖い！と急に思ったりすることがある。また、ひと気のない暗い道を歩いているときには、ひどく落ち着かない気持ちになったりする。

そんなときには、たいてい何か魔物のような凶霊とか、不浄霊的なモノが身近に寄ってきているものだ。そうでなければ自分の背後霊などが悪しき霊を怖がっていると考えたらよい。そうしたときに有効な施法を紹介しよう。

やり方は実に簡単だ。腹の底から絞り出すような発声をして「エイッ」か「ホーッ」の気合いを何回もかけるだけだ。それだけで妙に怖さ、淋しさがとれるのだから不思議だ。

私の場合、淋しいとか怖さとかだけではなく、普段異様を感じたときにさかんに使っている。

最初は腹の底からの発声がなかなかできないかもしれないが、あきらめないで繰り返し試してみるといい。

これは簡単だがなかなか有効な方法である。実際に発声一つで霊姿（れいし）が消えた体験が私自身数多くある。

39 家の玄関で憑依霊を祓う方法

霊的な雰囲気の強烈な場所ばかりでなく、どこに外出するにしろ、平均して五回に一回くらい、ひどい場合はそのたびごとに、そのときの自分の波長と合えば、無縁の憑依霊が、好むと好まざるとにかかわらず取り憑くものだ。また、向こうから目的をもって人体に取り憑くことも多い。こうした問題について、私はこれまでに多くの霊媒師と話してきたが、異なる意見の人を知らない。真実そうなのだろう。

私自身にもこれらの体験が数えきれないほどある。外出から帰ると豆粒大とかウオノメのようなもの、もっと大きい場合は風呂敷ほどの大きさのものが私の身体に寄りかかっていることがある。私はそれにすぐ気がつく。だが、こんな程度の憑依霊は私に言わせればかわいいもので、私がそれと気づいてしまえば、「見破られたか」と思うらしく、たやすく退散してしまうものだ。だからといって、気づかれずにそのまま憑依霊が家の中に入ってしまえば、短時間とはいえ人間にはマイナスの作用をおよぼすいたずらとか、灰色の雰囲気が家中にたれ込めることになってしまう。これがもし長期間たむろし続けたら、大変なことになってしまう恐れがある。生活の種々の方面に災いを生じることになるのだ。

ではどうするか。憑依霊を除去する方法はきわめて簡単だ。聞けば「なんだ、そんなことか」で終わりそうだが、決してそれで終わりにしてしまってはならない。予測不可能なほど、ことは深刻、そして重大なものにまで拡がっていくだろう。心して聞いてほしい。

まず外出から帰ったら、家の戸口に立って身体を外向きにする。つまり家の中の方を向かないこと。次に両手でバタバタと音をたてて身体の頭、首、胸、背中、腹、腰、足を叩くのだ。弱くてもいけない。強すぎると痛いから、強すぎてもいけない。中くらいの強さで叩くのだ。ちょうどホコリやチリをはたき落とす要領でよい。そしてその次に手でぬぐい取るような動作で、頭から足の順番で全身を清めてやる。最後に、両腕、両手をぬぐう。そして、できればいつも玄関には小さな箱に塩を少し用意しておき、土足のまま踏んで清めればさらなる効きめがあるだろう。全身を叩きぬぐうときも、塩を踏むときも、口中でとなえる言葉は、

「天清浄　地清浄　内外清浄　六根清浄　天津神　国津神　祓い給へ　浄め給へ」

これを何回もとなえることだ。このようなときに、必ずあなたに味方して働いてくれる精霊があなたの身辺にいるはずだ。世にいう守護霊、守護神、背後神とか背後霊がそれにあたる。そうした諸神、諸霊がプラスになってくれているのは間違いない。だからこそ施法がすんだら「ありがとうございました」と心から礼を言うことを忘れないように。また事前によくお願いをしてから施法するのもいいだろう。

40 他家訪問・タクシーやバス乗車で凶霊を避ける霊法

前述にもこの施法(せほう)と類似のものがあったが、ともかく紹介しておこう。

今から三十年も前の猛暑の夏に、なにかの用事の帰り、昼食を飲食店でとったときのこと。はずかしい話だが、私はウナギの蒲焼(かばや)きが大嫌いだ。それなのにその日にかぎってなぜか酒一本とウナギの蒲焼き、それにかやく御飯を注文してしまった。理由は自分でもわからないが、同行していた知人たちが内心びっくりしたそうだ。それはそうだろう。私が酒を飲まない、かやく御飯も嫌いであることを彼らはよく知っている。ましてやウナギの蒲焼きなどとは……。

だが私はというと、それらの料理をおいしそうに食べてしまったのだ。要するにそのときの私は、飲食店に入ったときから、いやもうその前から精霊に支配されていたといえるだろう。料理を食べ終わって私は心から満足しているうちに、たちまちウッラウツラと居眠りをし始めてしまった。そこでこんな夢を見たのだ。

「いやあ、いいお人とめぐり会えて、けっこう、けっこう」

という声が聞こえる。見ると戦国時代末期の衣装の武士がケラケラと満足そうに目の前にいる。私は少し驚いて訊ねてみた。

――お武家様はただいまのお食事がお好きで……

「おお、好物じゃゃ。これまでに何人かのお人に寄りかかって食(しょく)したことがある」

――私もその一人で……

「うむ、ひどくお世話であった」

武士はとても満足した様子で言った。私は返答に困った。この霊魂はいったい私に何をしようというのか?

「いやいや、別条ない。お礼に教えてつかわすことがある」

そのときに教えてもらったのが次に紹介する方法である。

他人の家を訪問するとき、家の戸口でまず「ここの家付きの主霊様(しゅれいさま)」と三回繰り返して自己紹介をし、その家を訪れる用件を簡単に口の中で言う。それから家人に声をかける。「お入りください」と言われたら、必ず左足から敷居をまたげ、というのだ。なぜ左足からなのかといえば、それが自然の法則に従うことなのだそうだ。左足から足を踏み入れれば、万が一相手が斬りつけても、刀の先が身体には当たらないという。当時もまた江戸時代に入っても、武士とか剣術を知る者は、決して右足からは家に入らなかったそうだ。

——これは自然の法則に従う所作ですか？

「そうじゃ、今もそなたたちの時代にも、そうした所作が残っているじゃろ」

——？　おっ、神道にありますね。

「ソレソレ」

そう言われて思い出した。神社で神職が祈祷のとき、拝殿から内殿に向かうところに二、三段、あるいは数段ほどの階段がある。そのとき、左足を先にして歩を運ぶのを時折り見る。

タタシーなどに乗るときも、実は前の客がどんな凶霊を落として下車したかもわからない。それにやられないようにするためには、少々ぎこちないが左足を先に入れ、頭をかがめて乗るようにすればよい。傍(はた)から見たらタクシーに乗りつけない人と思われるかもしれないが、そんなことはかまっていられない。凶霊にやられるよりはるかにプラスと思うがどうだろう。

断っておくが、タクシーとか電車、バスに乗るのに「どこそこの住所、なんのなにがし、実はかくかくの要件で……」などと昇降口で立ち止まってブツブツ言っていたら救急車を呼ばれてしまうかもしれない。そこまでやる必要はない。「守護霊様、行く先までなんの事故も起こりませんように」と念じて、左足でステップを踏めばいいと思う。

41 不吉な家憑き霊を退散させる霊法

前述の項目中にこれと似た方法、個所があるけれども、これはやや異なった霊法だ。この施法（せほう）は私が発見したものではない。すでに物故（ぶっこ）した祈祷師（きとうし）から教えられたものである。以来、何人かを祈祷師に紹介したこともある。もちろん私も施法をしていたが、くだんの祈祷師が亡くなる半年前に、「他人様に特別に教示をしてもかまわない」と許してくれたにもかかわらず、まだ誰にも言わないまま今に至っている。

施法するにあたって用意する品は、

①水晶（すいしょう）の玉、または水晶石一つ（大きさは指定がない。私は三センチぐらいのもの

で施法した。水晶がなければ川底や海底にある黒い石、これも大小にあまり関係ないようだが、にぎりこぶしよりやや小さめがいいだろう）

②洗い米一にぎり

③塩一にぎり

④日本酒を一合か二合

⑤線香を一束か二束

⑥半紙一枚（四つ切りにする）

⑦筆かサインペン

以上の品を揃えたら、まず我が家で四つ切りにした半紙の真ん中あたりに自分の姓名をまともに書かずに逆文字にする。逆文学とは、例えば私、皆本幹雄ならば「雄幹本皆」と書く。左側に生年月日、これはまともに書く。右側上の方に、まともに「鎮座」と書く。これらの品を用意して、昼のあいだは床の間や神棚、仏壇などに供えておく（酒はフタを開けておいてはいけない）。夜眠るときは自分の枕元におく。何日か後（三日目か五日目・七日目がよい）、暦の本を調べてその年の、もしくはその月の自分の吉方位の山のふもとや神社、お寺の境内を決めてそこに埋めるのだ。施法の時間帯は午後一時～三時三十分頃まで、または午前一時～三時三十分頃までとする。まず自分がここがよいと思った場所を見つけること。だが人が足で踏むことのないような場所がよい。そこで、まるい円を地面に描く。ここに穴を掘る。大きさは二十～三十センチ、深さ三十センチほどまで掘る。このとき、移植ゴテのような小さな穴掘りの道具がいる。

次に、持ってきた線香を小さく折って穴に入れ、火をつける。ほどほどに燃えだしたら酒を注ぐ。そして水晶玉、あるいは原石や黒石を穴の底に入れ、つづいて洗い米、塩、の順番で入れてやる。その上に四つ切りの半紙を置き、穴を土で埋める。これで施法は終わりだ。

条件として、帰途百メートルぐらいは後ろを振り向かないこと。穴を掘って埋め終わるまで、他人に見られないこと、この二点が重要である。

さてこの霊法の効能だが、私にはよくわからないところがある。今は亡き祈祷師から教示を受けた人々とも、現在は交際がないのでわからない。私も一人として他人に教えたことがないのでわからない。しかし、それはともかく、ずいぶん昔になるが、私自身の経験があるのでそれを記しておこう。

ある強い因縁(いんねん)で、私の家に、力はあるが未浄化の動物霊が数年の間、居座ったことがある。何かとわずらわしいことの連続でありながら、自分が招いてしまった霊なのでどうしようもない始末だったが、この方法を実行したところ、その晩からこの動物霊の姿が消えた事実がある。あれから長い時間が経ったが、姿を見せない。私には、こうした事例が確かにあったとしか言えない。

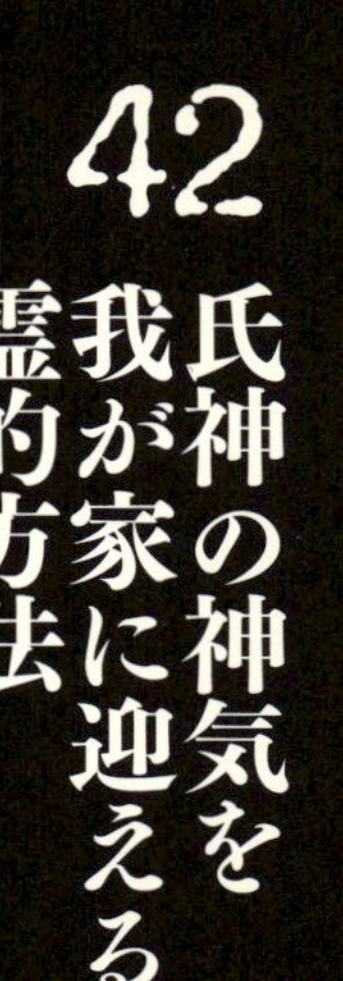

42 氏神の神気を我が家に迎える霊的方法

京都にある神職常駐の氏神神社に、今も生きていたら百歳を超える年齢になっているはずの神職がいた。この神社では真面目で熱心な氏子に対して、御神霊などのありきたりの方法ではなく、独自のやり方の施法をしていた。それは何かというと、境内にある二十五センチぐらいの松の小枝を切りとって、七日七夜、神殿の前に立てかけておき、氏子の神棚に祀る、というそれだけのことである。ぶっきらぼうなやり方だが、神職のご本人いわく、

「神札よりも、氏子のみなさんがありがたがって家に祀られています」

その話を聞いて、私もひと工夫することにした。

私の家の氏神神社には神主がいないし、手頃な松があるのをいいことにして、自分流に前述の神職の方法を試してみた。まず、我が家の神仏にことの次第をよくよく告げて、祈念しておく。それから午後二時頃に氏神さんの拝殿でよくお願いし、持参の酒二本のうち一本を社の周囲にまき清める。そして松の根元にもう一本の酒を注ぎ、松の小枝（松がない神社であれば他の木でもよい）を二十五センチほど伐り取る。松葉はとり除き、小枝だけを神殿の扉前に立てかけておいて、それから七日目の午後三時頃、いただきにお参りした。

その際、神社でご祈祷の初穂料程度を賽銭箱におさめる。松の小枝は持ち帰って我が家の神棚に祀った。この方法の是非はともかく、氏神さまのご神気をしっかりいただくことができる。実に満ち足りた気分になるのは請け合いだ。氏子の皆さんが喜ばれているのも当然のことであろう。

43 彼氏・彼女と縁を切る霊的方法

霊声はいつもこう言っている。「世の中で一番厄介なのは金因縁と色情因縁だ」

私もまさしくそうだと思う。それは多くの拝み屋、霊能力者、祈祷師にとって一番あつかいに困る問題ではないだろうか。

金因縁とは借金苦、貧乏のこと。これらを救おうとしても、説法とか霊術を試みてもその効果は一〇パーセントくらいのものだろう。実際問題として必要な金を与えてあげなければ、事態は好転しない。色情因縁にいたってはもうどうしようもない。夫婦喧嘩は犬も食わないというが、他人が手を出してよかったためしはない。

ましてや男女の縁切りとなると、切られる側に施法の事実がわかってしまったら、霊能力者など命がいくらあっても足りないほどだ。切られる側が男であれ女であれ、怨み殺されてしまうだろう。それに加えて、カップルを作った強い因縁霊は激怒するだろうし、その報いはすさまじいだろう。どっちに転んでも手を出した者はよいことにはなるまい。とにかく男女の仲は深刻な因縁霊の強力なる作用の結果なのだから、他人に頼るのではなく、縁を切りたいとする男、女が自力で試みるのがもっともふさわしい。

やり方そのものは実に簡単だ。川の流れが二股になっている浅瀬を見つけること。なるべく人の通らない場所であるほうがよい。一例をあげれば、山谷の河川の流れの二股がいい。もちろん山のふもとでも条件にかなう場所がある。

さてこの霊法を行なうのには着替えの衣類が必要だ。施法そのものは下着姿になってやる。流れが二股になる場所のやや上流で、川下に向かって楽な姿勢で座る。両手を合掌して目をつむり、一心に彼氏、あるいは彼女との縁切りを念ずる。

たったこれだけである。時間は気のすむまで施行すればいい。祈念が終わったら上流に向かって感謝の意味をこめて、用意しておいた酒一合、続いて米粒少々、塩少々をまき、「ありがとうございました」と、お礼を言うこと。縁が切れるまで時々に続

けて施法することが大切だ。なお、流れに座って祈念している間、

「天清浄　地清浄　内外清浄　六根清浄　天津神　国津神　祓い給へ　浄め給へ」

と繰り返しとなえ続けてほしい。

かつて、私の知りあいに不倫のカップルがいた。しばらくするうちにのっぴきならぬ事情で男の方が急激に心変わりしてしまった。ところが女の方は勘違いして、私が男に心変わりをさせたと思ってしまったのだ。まったくの濡れ衣だ。私は二人を呼んで真実を話してみたが、女はますます錯乱するばかりで手がつけられない。以来、根も葉もない私に関しての悪口をあちらこちらに触れまわる始末で、本当に私も困り果ててしまった。そんな苦汁を味わっていた頃、私の霊視に一人の婦人が前述の施法をしている光景が現われた。そこで早速実行したわけだが、お陰でだんだんに彼女の激烈なそしりがなくなっていった。そしてやがてはまったくおとなしくなった。その期間およそ三カ月半ほどの日数であった。

風の便りによると、女にまた別の男ができたからおとなしくなったと聞かされた。だがそれも施法の効果だったのではないだろうか。この方法は今日まで誰にも語っていない。あのとき以来、二度と私も使っていないのだが。

44 霊障害から身を守る陽気心の施法

この項での本旨は、すべての悪い現象を、霊魂様たちの「因縁だ、タタリだ、サワリだ、先祖が悪い！ 霊障害だから自分がうまくいかない」と嘆いている人々に強調しておきたいことだ。諸霊の多くは、ご当人様が不安だから心配だからとの理由で、ああしてほしい、こうしてほしいなどの注文やら、忠告、予告、警告など、実にさまざまの念波を現実世界に生きる私たちに送ってきている。その念波を普通の人がまともに受けてしまうと、わけもなくイライラしたり、怒りっぽくなったり、気分が沈んでしまったり、寂しさや悲しさの思いにどっぷりと浸ったりしてしまうものだ。だからこそ、この世の人間の方が常に「陽気心」でいなければならない。何ごとも気にしない、気にならない精神状態を保ち育てるように努力すれば、俗にいう霊障害にはかかりにくい。あなたには無縁なものになる。たとえかかったとしても簡単に消えてしまうはずだ。

かんばしくないことのすべてを深追いしないことだ。これを要するに「陽気心」という。ことの成り行きにまかせ、流れるままに身も心もゆだねる毎日であればいい。もしマイナス気分が襲ってきたときは、できるかぎり多くの回数、水とかお茶を飲むようにするといい。清涼飲料水やジュース、もちろん酒ではいけない。水かお茶を飲むのがいい。そしてたびたびトイレで放水するのがいい。小水で霊的な毒気が排出されると霊声（れいせい）は言う。霊的な施法（せほう）としては、一日に何回も何回も仏壇や神棚のお供えの水やお茶を取り替えること。それからあなたが急に欲しくなった食べものを供えるのがいい。それから線香を三本か五本、七本もしくは九本を、さしつかえのない間じゅう、線香立てに立てて、煙りをくゆらすことだ。

だがあくまでも、「気にしない、気にしないの陽気心」のつちかいこそが大原則であり、勝利の王道である。悪いことすべてを霊因（れいいん）のせいにするのは、陽気心を持つことの正反対のことである。ぜひ心して実行していただきたい。

45 自分の守護霊を見るための霊法

世間の方々は「守護霊うんぬん」で実にかまびすしい。こちらが笑ってしまうぐらい真剣そのものだ。専門家もそれぞれ独自の教法をたてて指導しているようだ。どういうわけか、三百年から五百年くらい前の先祖の霊を持ち出すかと思えば、先祖ばかりではない、血筋を引かない霊を持ち出したりもする。さらには守護霊を持てなどと、教法にはことかかない。だが本書で守護霊についての私の自論を述べるのは本旨ではない。言いたいことの二つ三つを書くにとどめる。

「守護霊が見たい」「私の守護霊はいつ頃の人？」などの疑問を持って多くの人々が専門家の門を叩くわけだが、「これがあなたの守護霊です」と確実に示される場合があると聞くと本当のところはどうかと、おおいに疑問だ。たとえどれほど優秀な霊媒（れいばい）師（し）でもそう簡単に守護霊が視（み）えるものではない。的中率もかなり疑わしいものだと思われる。守護霊などを視るための特別な修業を若者たちに施行している宗教家もいるようだが、若い当人たちの心気（しんき）状態は大丈夫なのかと非常に気がかりである。気が変になりはしないだろうか。

この私など、自慢にはならないが「この人が自分の守護霊だろうか」と感じたことは霊修業を本格的に始めてこれまでの三十年間で数回しかない。それに守護霊にはそのまた守護霊があったりするので、一回は視えたとする人が、たんにのぼせあがってしまうだけで、結果は大きな過（あやま）ちの生涯になってしまう恐れが大きいようだ。霊能力者に守護霊のそのまた守護霊や神姿らしいものを霊視（れいし）してもらうと、「何々の大神様だ」と、勘違いや早合点をしてしまうわけだ。以後どうしてもうさん臭い言動となってしまう恐れがある。だからこれに関しては慎重な態度でのぞまなければ、とんでもない障害を結果として引き起こしてしまう。

こうした難しい点を前提としたうえで、なんとかおぼろおぼろにでも自分の守護霊、そして生前の生活状態などを知ろうとするならば、次のような方法がある。

①自分の性癖と生活状態、これは運勢にもつながるわけだが、こうした自分の現世の姿を見れば、守護霊の何百年か前の生活状態に近いものであると推測できる。

②古代から平成の現代までの歴史書を一通り読んでみることだ。いつ頃の時代に心が魅(ひ)かれたか、どんなありさまやどんな人物に興味をいだいたかを自分で注意深く判断することだ。専門家の何人かはこのような方法で指導しているが、私も賛成だ。

③右記の①と②を熱心に何回も実行反省し、心澄(す)まして繰り返し熟読(じゅくどく)するうちに、やがてはふと守護霊の顔や姿を見る時機が訪れるだろう。

46 霊動で吉凶が判断できる霊的方法

これは社寺参拝の折りとか、我が家の仏壇や神棚で礼拝中に起こりやすいことだが、おもに合掌（がっしょう）した両手が上下左右に揺れ動いたり、前後とかいろいろな奇妙な動きを示したりする。また、激しいときには全身に振動があったりもする。こうした事例を一般に「霊動（れいどう）」といっている。霊に取り憑（とつ）かれやすい体質の人は霊動の経験も豊富だろう。全身が震えないまでも指先がピリリと震えるぐらいのことは多くの人々が体験しているだろう。

こうした霊的な現象の意味するところを、善悪吉凶いずれかに自分で判断するにはどうしたらいいだろうか。

一般には、合掌した手が前後や上下に動くのが「吉」、左右の動きとか動きが乱れ型の場合は「凶」だといわれている。全身や上半身の動きでも左右に揺れ動くのは「凶」だという。また、神社の拝殿などで注意して見ていると、顔のひたいのところを目に見えぬ糸で引っ張られているような参詣人を見ることがある。これは神人合一（しんじんごういつ）のありさまだと思う。直立不動のまま、身体の上部が前にググッと、まるでだれかが強く引っ張っているような感じだ。

とにかくこれら霊動の後に自分の気持ちがさわやかならば「吉」、ぐったりしたり気分が重かったりしていれば「凶」だと受け取っていい。またある意味では、霊動は自分の心身の活性化だともいえる。人によっては疲れや患部を霊動によって癒（いや）すこともあるようだ。

47 真剣に事の成就を願う拝座づくりの霊法

これは他人様の受け売りだ。いや、正確にいうと盗み見て学んだ霊法である。名前は出せないがさる有名なお寺、効験抜群だと評判の高いお寺にお参りしたときに奇妙な風景（？）に出くわした。信者なのだろう十人ほどの人数を従えた、女霊媒師が目に飛び込んできた。まだ若い霊媒師で色気もたっぷりあって、よけい興味を覚えた。

彼女は拝殿前の地面に紫色の座布団を敷き、きちんと座っている。その四隅に線香を何本か火をつけて横にしている。そして酒だろう、液体をいっぱいにした湯呑みをひざの前に置いている。塩は小さな茶碗をふせた形で地面に盛ってある。そして境内で小石を拾い集めたのだろう、これら品物の四隅に置いてある。その外側に要領よく積み上げた四カ所の石にしめ縄を張りめぐらせている。なるほど、これだけ四隈の結界を張りめぐらせば「ここは私どもの領域ですよ」となるのだろう。私は「おもしろいなあ」と興味深く眺めていた。彼女の修法か修跋かは知らないが、拝礼が終わるまでその場を一歩も動かずに見ていた。彼女につき従う信徒たちの一心不乱さには心を打たれた。彼女によほどの説得力、そして人心をおさえる力がなければこのように一糸乱れぬ姿や形にはなるまい。

「お寺のご本尊様より女霊媒師様のほうが偉うおます」と、帰りがけにたまたま居合わせた初老の男が言っていたが、なるほどとうなずける。生き神様のスタイルもかくやと思われる立居振舞の拝礼ぶりだった。今振り返ってみると、私もよほど好奇心が働いたのだろう、「不躾ですが……」と言って彼女に名刺を差し出すことまでした。幸いなことにその頃の私はまだ高等学校の教師をしていた。それで私の肩書を見て、彼女は安心したのか、フッと笑って気さくに答えてくれた。

「どんなご用でしょう。近頃の高校生は実践的宗教がわからないから、お教えなさるのですか?」

――はい、まあそんなところです。はたして私に教示力があるか不安ですが……

「さてどうでしょう。それほど特別なことではありません」

そう言いながら、彼女は先ほどの結界法について気安く話してくれた。拝礼する彼女には天照大御神と大日如来が降りてきているのだという。この四隅の結界法は大御神の眷族の指示だともいう。このようにすれば、いかなる凶神、悪魔、凶霊、無縁霊も入ることはできないと断言していた。

——では、ただ今いらっしゃる信徒さんにはこの結界法の施法を認可なさっていらっしゃいますので……？

「いいえ、屋外での実施は許していませんが、自分の家の内での修業は許しています」

——なるほど。で、失礼ですがその効果のほどは？

「皆さんに聞いてみてください」

すると十人ほどの信者たちは口々に「ゆったりと礼拝できる」「馴れてくると霊姿や霊声がときおり感得できる」などと言っていた。最後に彼女から「何か質問があればおいでください」と、金色文字の名刺をもらったが、いつの間にかなくしてしまった。福井県三国市までは今も覚えているのだが……。霊修業を続けている私にとってもう一度会って話してみたい人の一人である。

48 神社・寺院と自分の相性を判断する方法

これは吉凶の判断にもつながるのだが、人間にはだれにでも直感とか第六感がある。鋭い、鈍いの差こそあれ、人間すべてにそうした能力が備わっている。とくに神社や寺院などの霊域(れいいき)に入った場合、自然にその能力は活発になるものだ。心気(しんき)がいろいろに変化する。それを自分で判断すればいい。

たとえば、お参りして自分の心が洗われるとか、心地よい心境になれば当然ながら結構なことだ。あるいはお参りはしたが、べつにこれといって何も感じないというのもそれはそれでよい。そのほかの不快感とか嫌悪感(けんおかん)などを感じたら、その霊域とは縁なきものと判定して二度と再び参らぬほうが賢明だろう。

次に相性の良し悪しを意識的に自分で試す方法だが、拝殿に立って合掌(がっしょう)し、目をつむって一分か二分ぐらいしてからつま先立ちをしてみる。カカトをちょっと浮かし気味にしてみることだ。頭部を前方に引っ張られるような前傾姿勢となるか、逆に後ろに倒れ気味となるか、進んでやってみるといい。前に倒れれば大いに御縁があるだろう。だが一般には、妙に後ろに引っ張られる場合が少なくないようだ。断っておくがカカトを力いっぱい上げれば当然ながら前に倒れるのは間違いない。せいぜい二センチぐらい上げるだけにすること。

それともう一つ方法がある。お社(やしろ)全景が見える場所に立って、まぶたを閉じ加減にして薄目で見てみるのがいい。もちろんカカトを浮かしながらだ。意外に前傾、後傾ばかりではなく、他に何かを霊示(れいじ)として感じるかもしれない。これらのテストを試みるには早朝か夕景に近い時間帯が適当のようだ。

49 交際相手、就職先との相性を察知する方法

この場合は専門的な家相の判断というよりも、霊相に重点を置いて説明しておく。専門家向けではないから条件がかなり限定されるが、素人でも案外的確なものを感得できるはずだ。時間帯としては雨上がりか夕景、それも夜の帳が降りかける時間がもっともよい。

方法は簡単、なるべく家や建物の正面に立って目をつむるだけだ。そして前項のようにカカトを少し浮かせてみるだけのことだが、不思議に自分とその家との相性が心気で感得できるものだ。自分が交際しようとしている相手の家、また、就職を考えている会社の建物などで試すこともできる。

もちろん、その家、または建物との関係が吉か凶かをも、それでうかがい知ることができる。雨上がりか夕景に、とある家を選び、その気になって家の前に立ってみると、和(やわ)らぎ、喜び、違和感など、いろいろな心気を味わえるものだ。私も外出のときなど、ふっとこれを試してみることがある。強い違和感を覚えることがままあるが、そんなときには早々に立ち去ることにしている。

50 墓の霊的な吉凶を判定する方法

一般的にいわれているように雨天の翌朝、午前中に墓地に行ってみると、墓石にこんもりと山型に水跡があれば「吉」だといわれている。そうした方法もあるが、私の知っている方法の一つを紹介しておこう。最初に断っておくが、これを自家や親類の墓以外、つまり他人様の墓ではやらないでほしい。そんなことをすれば霊魂のサワリ・タタリとまではならなくとも、霊障害にかかりやすい。そこの墓の因縁を素人のあなたがもろに受けては大変だ。くれぐれも注意してほしい。

このやり方は感じる人、感じない人とがはっきりしている場合が多いようだ。まず右手を左手でしっかりつかんで、ギュッと握り締める。左手に入れた力はそのままにして、右手に力を入れてスーッと抜くのだ。この動作を何回か繰り返したのちに、墓の竿石（墓石のてっぺん）の頂面の中央に、静かに右手の中指の先を当ててみる。この場合、他の四本の指は使わないように。指はいろいろな感覚を感じるはずだ。①ピリピリとか、②心臓の音と同じようなトントンとか、ゾクゾクとかの感じ、③吸いつけられるような感触、④はねかえされそうな感じ、⑤心気が落ち着く、⑥不快不気味など、を感じることがある。

試みる人によって受け方が違うはずだが平均的なことを述べると、①と③の場合は、そのときの墓の精気・霊気が強い。おおむねこちらの意向などに同意していると言える。②は協和音である。墓の霊魂と同調しての日常といえる。③の場合ももちろん②の場合と同様といえるが、何かの欲求を示している。⑤の場合は指自体には何も感じなくとも非常に良好といえよう。④と⑥の場合はちょっと問題だ。

以上が一般的な解釈だが、施法する一人ひとりによって、感応とその意味はそれこそ千差万別となる。

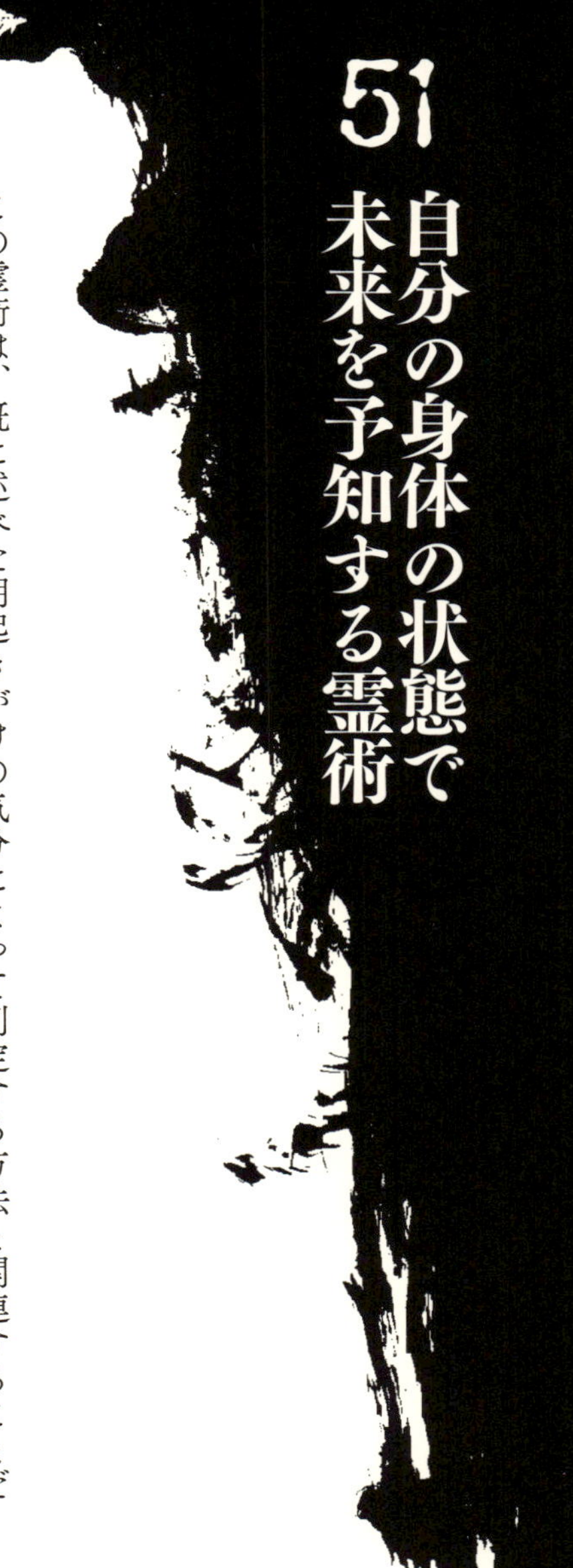

51 自分の身体の状態で未来を予知する霊術

この霊術は、既に述べた朝起きがけの気分によって判定する方法と関連することだが、大切なことだから触れておきたい。

肉体が病気にかかっている、あるいは患部があってどうしようもなく苦しいなど、そうした場合は霊的な働きが原因となっていることが少なくない。その立証は詳説しないが多くの例がある。霊因（れいいん）から始まった病いがやがて持病となってしまったなどの事例からみると、ある日不意に、肉体に鈍痛や激痛があるとすれば、すぐに過ぎるものと軽視せず、充分に警戒しなければならない。治るとか治らないとかではなく、それなりの霊的な因子が我が肉体を襲っていると考えるべきだ。

だから単に肉体的な障害だけですんだり、一時の苦痛のみで終わって、やがて痛みから解放されるのならばいいのだが、実は身体の痛みだけではなく、やがては身辺にまで凶変をもたらす場合が予想外に多いものだ。激痛、鈍痛、苦痛のあとに、かんばしくない問題が自分の身辺にやってきたり、仕事上でつまらぬミスをしたり、不吉や不祥事を招来する。

これらは自分がまいた種、自ら招いたこと（霊）だと思われるが、もはや忘れてしまった過去のことまでほじくり出されて「なんとかしろ」と言われるようなたぐいにいたるまで、霊的異変を肉体を通して教えてくれることが往々にしてある。ただ意識の方はその凶事に集中しがちだから、そもそもの霊因、原因を見過ごしてしまいがちだ。本当を言えばこのような直接的で痛い予知は、御免こうむりたいのだが。

私の知る限りにおいては、右か左の目のまぶたがピクピク痙攣（けいれん）したときには何日か後、凶のいさかいが生じる。唇のまわりがピクピクすればこれも凶のいさかいがある。急激な運動をしないのに心臓がドキドキする、ちょっと忘れているとまたドキドキする。これも凶事か、予想もせぬ突発的な異変が生じる可能性がある。

また、右手か左手に熱いものを感じたら吉、何かが入手出来るだろう。足の裏がむずがゆくなりだしたら、遠方から珍しい人とか久しく会わなかった人が訪ねてくる、または良い便りがある。また人によっては雨が近いことを告げている。指先が痙攣ぎみならば何か神経質な問題がやってくるといえよう。

このように、肉体は霊的にいろいろなことを私たちに教えてくれるものだ。日頃から身体の各部分が示す細かい現象を注意深く観察し、その結果との対応を自分のものにしておけば、必ず的確な予知、予告をもたらしてくれるはずである。

52 庭石などの霊の有無を知る方法

前述の墓石の相性を知る方法で、霊の寄りかかりを判断することもできる。前述の通り施法(せほう)して指先に何も感じなかったら、霊魂はたたずんでいないと見ていいだろう。

そのほかの方法としては、京都の有名な庭師が私にもらした言葉だが、多年にわたってこの方法をやっており、霊の有無を判断してから石を依頼客に持っていくと言っていた。

まずガラスのコップに水をいっぱいに入れる。そのコップを夕方に目当ての庭石や灯籠(とうろう)の上にのせたままにしておくのだそうだ。翌朝、コップの水が八分目以下に減っていたら霊がいるのだという。庭師本人の長年の事例で、しかも一〇〇パーセントに近い的中率だと言っていた。

あるとき、私も庭師に招かれ、庭石を二人で見てまわったことがある。庭師は隅にあった赤い石を指して、

「あの石には霊がたたずんでいますよ」

——ほほう、水で試してみましたか？

「ええ、コップの水が七分目ぐらいまで減っていましたよ」

庭師は自信ありげに言う。心気を凝らして赤石を霊視してみると、灰色の煙状のもやもやしたものが私の目に映った。長年の修練というのはたいしたものだと感心したものだ。

53 水棲動物を放して好機をつかむ霊法

この方法は仏寺で多く行なわれている。一般の人々もご存じだろうが、知らない人のために記しておく。

水に棲むもの、ウナギ、フナ、コイ、水棲動物ならなんでもいい。カメでもドジョウでも金魚でも何でもいいから、これらの何匹か何十匹かを、川とか海に放流する。生け捕りされている魚を買い求めて流すのだ。寺の池や神社の池ならばなおいいが、この方法を行なったらなぜいいのかの教説は、いろいろあって実にかまびすしい。

いずれもごもっともとする説だが、私は自分が放流してみようと思い立ったときが一番いい時期だと思う。何やかやとまことしやかに教示をする専門家が多いが、自分の思うがままにやると妙に好機が大なり小なりつかめるから、うれしい。

霊的なものであれ現実面であれ、間違いなくこの方法のおかげであの世は私たちに対してプラスの結果で応えてくれるようだ。その時々には、自分の肌で感じなくとも、この方法によって難を逃れられているものだ。私の体験からいってもその通りであり、皆さんにお勧めしておきたい。

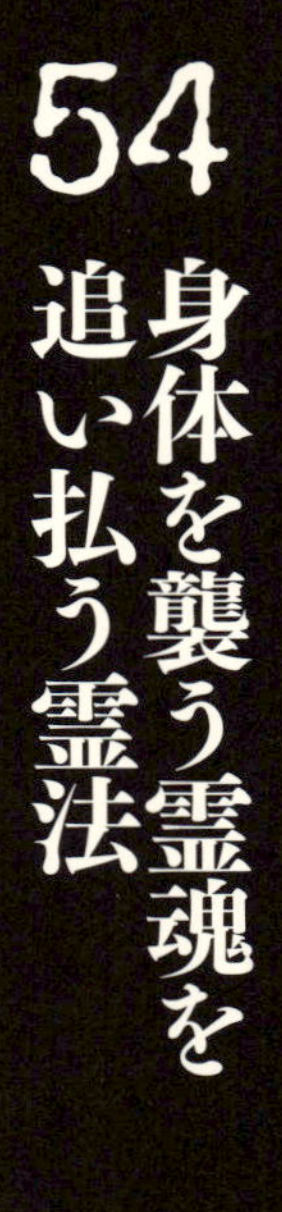

54 身体を襲う霊魂を追い払う霊法

前述の項目でこれに類した方法をいろいろ紹介したが、この方法というのは間違いなく霊魂が我が身体に障(さわ)っている以外は効を奏さない。施法(せほう)の場所は仏壇の前ばかりでなく、家のどの場所でやってもよい。

まずは線香九本に火をつけて、くゆらせる。同時に家の中の数カ所に盃(さかずき)一杯分ぐらいの「酢」を置くこと。匂いがプンプン鼻につく程度の数が必要で、そうでなければ効果がない。また二階でもいいから、必ず三十センチぐらい窓を開けておくこと。もし、可能ならば近くの社寺にお参りして、あなたに寄りかかる諸霊に、

「私の力ではとても及びません。どうぞしかるべきところにお救いあげください」

とお願いしておくとさらに効果があるだろう。私自身、過去何十人かの人々に教えたが、皆さん実行してくれたようだ。それぞれに結果は良好だったと聞いている。

火をつけた線香だが、燃え尽きるまでそのままにしておき、燃え尽きた頃を見計らって酢を外の地面にまけばよい。ただし、まいた場所には必ず次に水をまいておくことを忘れてはならない。

以上の方法は他人に教えてもらったのでもなく、霊界から直接に言われたものでもない。私自身が鈍痛、憂鬱(ゆううつ)いずれも軽度のときだったが、自然にこのような施法を試みていた。その結果は大変良好であった。

55 深夜に鏡を使って人生の吉凶を知る霊術

これは不気味といえば不気味なやり方だ。それだけに施法(せほう)にあたっては真剣さが必要だといえる。

さて、時間は夜半の十二時過ぎから夜中の三時頃まで。使うのは手鏡よりも、鏡台や姿見のほうがよい。室内の明かりは消灯するか、豆電球だけにする。そうして鏡をのぞけばよい。やり方そのものは簡単だ。火をつけたロウソクを合掌(がっしょう)した手にはさんで、自分の顔をジーッと見つめるのだ。

ずいぶん昔のこと、仏教の行者(ぎょうじゃ)らしい人物と田舎道でばったり出合い、道を聞かれたとき、どういうわけか道端で三十分ぐらい立ち話をすることになり、そのときに教えてくれたのがこの方法である。

この行者は行く先々でこの方法を人々に教えていると言っていたので、かなりの人びとがこれをご存じかもしれない。ただし長時間の施法はいけない。せいぜい長くて十分間ほどにしておくこと。

結果は一人ひとり、その時その時で違っているようだ。とにかく一様の結果ではないという。それが自然であり、大切でもある。これをやることによって結果がマイナスであったりプラスであったりしても、必ずや各人にとって人生の指針になる。もちろん私自身も試してみている。

56 逆さ言葉を用いて霊能力を得る方法

有名なお寺の本堂前で一目でそれとわかる年長の行者が、わけのわからない奇妙な言葉を延々と声にしている。それほど長ったらしい文句ではないが、一定の言葉をどうやら繰り返しているようだ。お経ではないのだが、よくわからない。

そんな光景にたまたまぶつかったことがある。私は好奇心いっぱいで行者の拝礼が終わるのを待っていた。私は、行者が首から下げたずだ袋に千円札五枚を入れ、丁寧に一礼してから「申し訳ございませんが、お教え願いたいのですが」と切り出した。

「ご喜捨、ありがとうございます。教えてくれとは、何でしょうか」

行者は怪訝な面持ちだ。

――ただ今あげておられましたお言葉はお経でしょうか？　それとも呪文(じゅもん)なのでしょうか？

「ああ、そのことですか」と言って教えてくれたのだが、つまりは「逆さ言葉」だというのだ。

行者は「なぜ逆さ言葉がいいのか、理由は明かせません。ありがとう存じました」とだけ言った。私もそれ以上追究することなく左右に別れたが、ちょっと説明すると、「我に霊力をあたえたまえ」＝「ワレニレイリョクヲアタエタマエ」を「エマタエタアヲクョリイレニレワ」というふうにする。初めて聞くと食べ物を吹き出してしまうぐらいだが、その行者の施法(せほう)の姿は実に真剣そのもの、堂に入ったものだった。

57 家の中の雰囲気を清浄にする霊術

これは二十数年前に物故した老祈祷師から直伝された法だ。用意する品、サンダワラ一つ、赤飯のオニギリ一つ、南天の枝葉を一枝、線香一本、酒（日本酒、「ワンカップ」で可）一合。

だが最近では、サンダワラとか南天の葉などが日常ではそう簡単に手に入らない。そこで建材店などでワラ縄かシュロ縄を二メートルぐらい求める。南天の葉のかわりに似たような枝葉を使ってもよい。ここではとりあえず説明上サンダワラ、南天の葉を使う。

サンダワラの上に南天の葉を敷き、その上に赤飯のオニギリ一個をのせ、仏壇の前に置いて事の由をよく告げる。線香一本に火をつけてオニギリに立てて、道の四つ辻の隅に置く。そのとき酒を供える。やるべきことは以上だが、そのサンダワラに向かって「ミツヤマノドヒョウヰニカエリマスラン」と七回となえて、帰途は後ろを振り向かず、知人と出会っても声を出してはいけない。家に入ったら、仏壇にお礼を言う。この方法は家族にひどい憂鬱性（ゆううつしょう）の人がいるとか、家の中の雰囲気が灰色でどうしようもないときに使う方法だそうだ。

　教えてもらった当時、この祈祷師のもとに私の仲間十人ほどが集まって、親しく教示されたものだが、以来私は数人のごく親しい人にしか伝えていないが、他の人はかなり多くの人に広めたようだ。私がこの方法を教えてもらってわずか二カ月後、先生は亡くなられてしまった。

　それ以降、仲間たちともまったくの音信不通となり、その効きめのほどは聞けないが、私の体験としては良好である。施法（せほう）をするにしても人通りがある時間帯ではできそうもない。結局、夜中過ぎに実行しなければならない。

58 お百度参りを効果絶大にする霊的方法

早朝、社寺参詣に行くと、いわゆる「お百度参りの行」をする人によく出くわしたりする。ある日、京都の神社に立ち寄ると、中年の婦人のお百度参りだ。上品な人なのにどんな悩みがあるのかと、思わず足を止めてたたずんで眺めていると、向こうさんは私を知っているのか、私に会話をしながら「待っていてください」とサインを送ってきた。しばらく待つうちに彼女の行が終わった。

——ごくろうさまです。お百度ですね。

「ええ、あなた様を私は存じあげています。ご本をお書きになった先生で……」

——はい、そうです。おたくさんはどちらの?

「はい、〇〇教の……」
――ああ知っています。

というようなやりとりがあった。

京都・山科で三百人ぐらいの信者がいる教団で、彼女はそこの教祖であった。しかし、教祖の行だというのに彼女のお百度参りのやり方は、決まったコースを踏んでいなかったのだ。眺めながら私の感じていたその疑問に答えようとして、私に「待っておれ」と彼女は合図したのだった。教祖が語るところによると、自分の精神浄化のためにお百度参りを何年間か実行していたが、その途中に霊声に教えられた独自の方法があり、それをするようになったのだという。

お百度参りとは一般的には文字どおり、百回参ることであり、社寺でお百度参りの決められたやり方をするのが普通だが、この婦人はつごう二回で済ませる。私も彼女に教えてもらったが、それを紹介しよう。

拝殿正面を前方にしたところから左回り、時計の針が回る方向に七回目のとき、出発点の場で拝殿に向かって立つ。そこで気合一発、「エイッ」と放つ。一礼して今度は逆方向に歩く。つまり時計の針が進む方向と反対となる。七回目に出発点の場で同じく拝殿に向かって立ち、同じく気合を「エイッ、エイッ」と二声放つ。一礼してのち今までとは反対、つまり一番最初に歩いた方向、時計の針の進行と同じ方向に歩き、七回目に出発点で立ちどまり、同じく拝殿に向かい、気合を三回、「エイッ、エイッ、エイッ」と放って一礼する。これで終わりだ。

　お百度参りが三度参りで済む方法である。足は裸足（はだし）の方がよりいっそうの効きめがあると言っていた。真冬ならなおのこと効果抜群だともいう。このあと静かに拝殿に進み、二礼、二拍手してお礼の言葉を申し述べ、なにがしかのお賽銭（さいせん）なり初穂料（はつほりょう）をお賽銭箱に入れるべきであろう。もちろん最初に事の由を告げ、よくお願いし、よく祈念する必要がある。

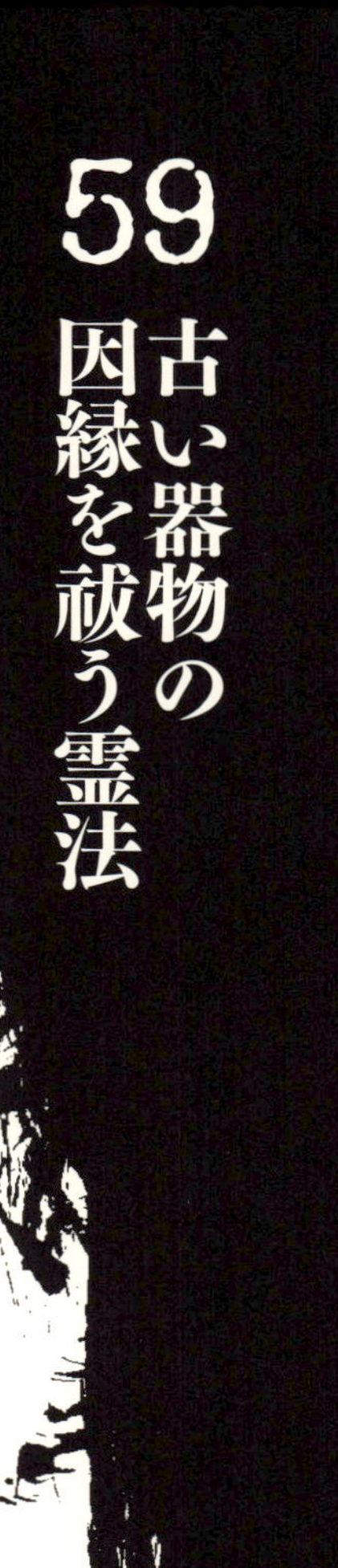

59 古い器物の因縁を祓う霊法

「古い器物は因縁が深い」とよくいわれる。事実、私の体験からでもそうしたことが多い。

そこで、そうした因縁を祓う一般人でも出来る方法を教えよう。しかし、大事をとってまず最初に、あなたが信仰している社寺で事の由を告げ、お願いをしてほしい。因縁を祓おうと思う器物を持参する。神社ならば清護祓いの祈祷をしてくれるだろうし、寺ならばお性根抜き法のお経をあげてくれる。

そして、我が家に持って帰り、清浄な場所に置く。古い器物が小さなものならば、お盆に塩をのせ、よく平らにして半紙数枚を重ねてその上に古い器物を置き、およそ二十四時間そのままにしておく。そして口の中で「テフテフ」を七回繰り返し、右の人差し指と親指でツマハジキをする際の動作をする。これでたいてい霊が抜けているはずだ。

器物が大きなものならば、それ相当に新聞紙を広げ、その上に塩をまんべんなく平らにして半紙を重ねる。もし水洗いできる器ならば一昼夜塩水に浸けて、それから真水で塩気を流してよく拭きとり、「テフテフ」の法をやればよい。これは、私が盲目の老女霊媒師（れいばいし）が他のお客に教えていたのを盗んだものだが、言うならば素人（しろうと）がやっても難のない方法といえる。皆さんにはお勧めするが、専門家のはしくれの私はこのやり方を使ってはいない。

60 不浄霊をひとくくりに追い出す霊術

準備する品は、ヒノキの薄い板を一枚、長さ二十センチぐらい幅五センチぐらいのものがよい。板の表面の下の方に筆で「聖坐」と書くのだが、ご自分で霊魂に「称名」、あるいは難しい字だが「階号」を与えるのだ。たとえば「鮮天霊聖坐」というように、なるべく美しい名前がよい。

墨汁を使えばいいが、少し線香の灰をまぜて書くこと。仏事で修法するならば仏壇に供え、神事でやるならば神棚に祀(まつ)る。三日三晩か七日七夜、そのままにしておく。これに限っては特別なお経や祝詞(のりと)とかの修法の必要はない。だが、朝夕のお参りは型通りに続けねばならない。

自分が決めた期日が来たらヒノキの板を左手に持ち、右手の人差し指と中指で板の中ほどに、右に七回、くるくると結ぶ作法をする。七回目に「エイッ」と一声。つまり前述のお百度参りの方法を指先で施法するのだ。終わったらただちに自分の信仰する社寺、それがなければ近くの社寺でいいが、ヒノキ板を半紙に包んで持参し、ご祈祷や読経をお願いする。多分、神札や仏札をくれるだろうから、半紙と一緒に包んでそこの古札入れ所に納めればよい。ただし事情をよく神仏に祈願することは言うまでもない。

ちなみに心願成就で社寺にお願いするのがいいだろう。もし古札処理所がなければ、なるべく広い川に流してもよい。

61 一日一定額の浄金で金運向上の霊法

これは割合に多くの人々が実行している霊法のようだ。

「商売屋さんが縁起をかつぐのか、月の一日によく持ってこられます」と知り合いの神主が言っていた。私の見聞するところでも多くの霊媒師も勧めているようだが、私自身もおおいに人々にお勧めしている方法だ。

お客さん商売・現金売りの商売ならば、その日最初に手にしたお金の三割とか一定のルールを自分で決めて実行すること。たとえば千円の商いをしたら三百円を我が家の神棚や仏壇に供える。これを毎日続けて一、二カ月経ったら、皆さんが信仰している社寺や氏神神社のお賽銭箱に入れる。

また、現金取引でない家ではその日に買い物をした釣り銭の十円でも五十円でも百円でもいいからお供えするのだ。額は問題ではない。長く続けることが肝心だ。この方法は我が家の経済の順調を願うわけである。単に多くの人々がやっているというだけではなく、実際に好結果が出ているので、皆さんもぜひ心がけてほしい。

62 神人合一で霊的パワーを身につける方法

これは京都の伏見稲荷(ふしみいなり)大社参道の飲食店での情景だ。もう三十年近くも前になるだろう。参拝が終わって昼時だったので顔なじみの店に入った。夏の暑い盛りのことだ、店内は客もまばらだった。

その中で一人、奇異(きい)な人物が目についた。明らかに行者(ぎょうじゃ)とわかる人だ。私ももの好きだ。慰労の意味で行者にビールを勧めたりしていろいろ話を聞いた。なんでも四国高松の祈祷師で、稲荷大神霊が本人に降りてきていると言っていた。別項に似た方法を書いたが、この霊法は自分の信者たちに教えていると話していたので本人に断らなくても公開してよいだろう。

やり方はこうだ。神棚や神社の拝殿ばかりでなく、清浄と思える部屋、それに野原でも川でもよいと言っていた。まず、男でも女でもあぐらをかく。つまり楽な姿勢、座り方をしろということだろう。気持ちが落ち着いたら静かに低音で、

「ヒー　フー　ミー　ヨー　イツ　ムー　ナナ　ヤア　ココノタリ　モモチヨロズ　フルベユラユラ　フルベユラユラ　フルベユラユラ」

という言葉を九回繰り返す。つづいて、

「ワガテニゾ　カミノユウフシデキリカケテ　インムスビナバ　カミゾキマセル」

ととなえる。「インムスビナバ」の、その「印」の形だが両手を合掌にする。で、左右の人差し指以外は組む。両手の人差し指の二本が突起することになる。祈祷師のいう印形だ。「この状態で心ゆくまで瞑想を味わいなさい」と行者は言っていた。

――心気の害はどうですか？

「まずありません。むしろ心気的にも霊的にも効能があります」

――ははあ、どちらで修得なさいました？

「ハッハッハッ」

行者は笑うばかりで出所については明らかにしてくれなかった。これは注意点だが、

神人合一行などの施法は必ず解いておかねばならぬ。

――ほどきはどうしたらいいのでしょう？

「ええ、いろいろな方法がありますが、この場合……」

と言って教えてくれた。さてそのほどき法とは、

「カケマクモカシコキ　天の神　地の神　この場に降臨の神々　元の座へ送りたてまつる　おそれながら承引あらしあたまへ　我　失礼の段　なにとぞの許容　おん願いたてまつる。エイッ　エイッ　エイッ」

ととなえればいい。神棚、神社拝殿、野原、山、川辺でも、できれば酒を供えるのがいい。山野では静座の前に酒を地面に置き、施法がすんだあとで自分のぐるりにまき清めるようにと言っていた。

63 因縁の疑いのある諸凶事への霊的対処法

因縁（いんねん）の除去法とか解除法は、多くの専門家がそれぞれ独自にいろいろ教示しているが、これも一つの方法だとして読んでほしい。自分の家か、もしくは実家の墓で施法（せほう）する。とにかく原因不明で憂鬱（ゆううつ）な気分やかんばしくない事情、家庭内が灰色のムードとか、マイナスと思える要素が立ちこめているときに実行してほしい。

日常の大部分の出来事が霊因（れいいん）だと信じる人でなければ実施できないかもしれないが、皆さんも心して聞いてほしい。それに他家の墓ではダメなのも承知してほしい。

さて、般若心経（はんにゃしんぎょう）の写経用紙は市販されている。文房具店、仏具店にあるのを買えばいい。たいていは一セットで三枚分あるはず。硯（すずり）と墨、もしくは墨汁でもいい。それに細字の筆、そして線香の灰と酒。これだけを用意できたら、心静かに酒、線香の灰を硯に注いで墨をする。そしておもむろに般若心経の写経をするのだ。写経をしていると何かといろいろな雑念が湧く。それらが写経に集中していると一枚の用紙に念が入っていくわけだ。因縁めいたものが、いわば入魂もするのだろう。何日かかってもいい。二十一枚書きあげたら仏壇に供えてよくお願いをしてほしい。もちろん一枚一枚書きあげたら、そのたびに仏前に供え、そのたびごとに事の由を告げることが大切なのは言うまでもない。写経の最中はできれば神棚、仏壇の灯明をともしたり、線香の煙りをくゆらせるのも効果がある。そして自分の都合のいい日に墓前にて般若心経写経紙を燃やすのだ。できれば小さな声で般若心経を読経してほしい。墓前で事の次第をよく告げて、よくお願いすることを忘れないでほしい。

「○○家の位の高い先祖さん」と、十回呼びかけることも忘れないように。なお、そのときに酒を供えること。写経用紙のお火たきがすんだらその場所にまき浄める。できれば塩を少しポケットなどに持っていき、周りにまいたらなおいいだろう。

　この方法はずっと以前に、私の先祖の教示によるものだ。私自身、使用した記憶が数回あり、好結果であった。

64 神道写経で精神清浄を得る方法

仏教でのいわゆる写経が、大変に盛んである。同様のことが神道にあってもよいのではあるまいかと考えを凝らした末、神道の神典に六根清浄祓いの詞があるのに注目し、ずいぶん昔からその写詞を私は実行するようにしている。そのときの私の精神状態の善悪に関係なく、暇があれば書いている。硯と墨と小筆があればよい。半紙に書くのだ。書く詞を載せておく。この詞は神社では近年使用されないようだが、『神拝祝詞集』など、神社がそれぞれ独自に発行しているものに記載されていると思うので、それぞれに探し求めてもらいたい。

「天照大御神の　のたまわく　人は　すなわち　天の下の神物なり　すべからく　しずめしずまることを　つかさどる心は　神明の元の主たり　我が魂をいたましむることなかれ　ゆえに　目に　もろもろの不浄を見て　心に不浄を見ず　耳に　もろもろの不浄を聞きて　心に不浄を聞かず　鼻に　もろもろの不浄をかぎて　心に不浄をかがず　口に　もろもろの不浄を言いて　心に不浄を言わず　身に　もろもろの不浄をふれで　心に不浄をふれず　心にもろもろの不浄を思いて　心に不浄を思わず　この時に　清く　いさぎよき時有り　もろもろのノリは　影と形の如し　清く　きよければ　かりにも　けがるることなし　もろもろの説にとらわるるなかれ　ならば　花よりぞ　木の実とはなる　我が身は　これゆえに六根清浄なり」

写詞したものを神社参拝の折りに持参し、拝殿で事の由をよく祈願して何がしかの初穂料をお賽銭箱に入れ、神社所定の旧札箱に納めればよい。

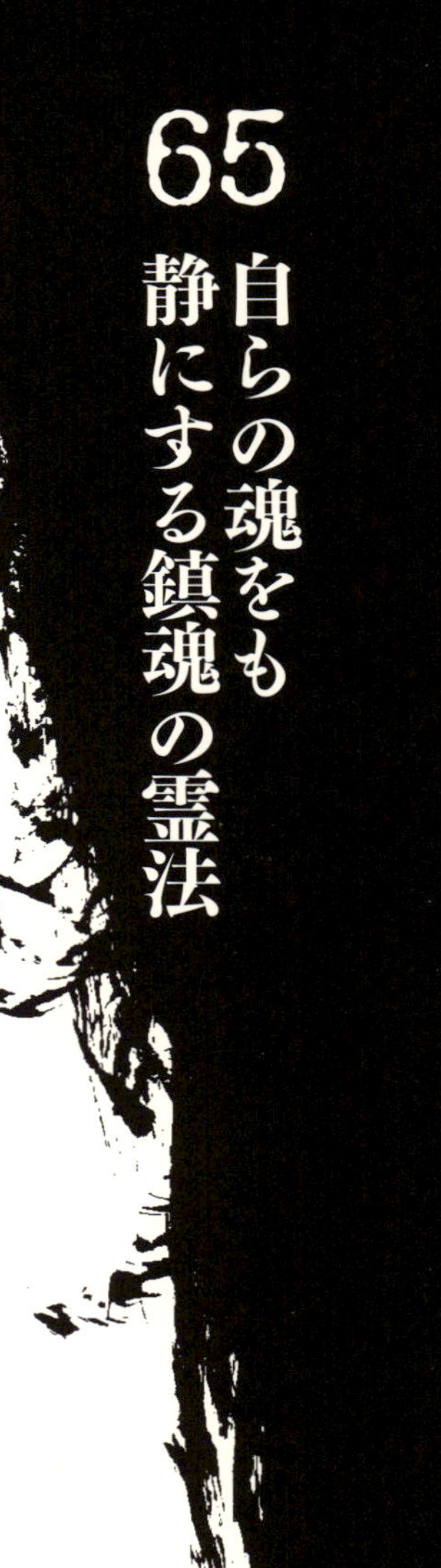

65 自らの魂をも静にする鎮魂の霊法

前述の神人合一法に似ているが、主旨が少々違う。この方法は自らの魂も「静」にするばかりか、さらには関係のある精霊らも鎮魂する方法だ。行なう場所は神人合一法の施法場所と同じだ。

「ただ今から鎮魂法をさせていただく」旨をよくお願いして、二礼二拍一礼をする。

そしておもむろに「アー　チー　メー　オー　オー」を三回か七回、もしくは九回繰り返す。「オー」の発声はできるだけ長音がよい。全体の音声は高からず低からず、つまり中音でなければならない。そして「ワガテニゾ　神ノ　ユウフシデキリカケテインムスビナバ　神ゾ　キマセル」と三回繰り返す。そして瞑想を続けるのだ。時間は十五分間が限度だろう。最後に「ありがとうございました。このたびはこれにて終わらせていただきます。ありがとうございました」と念じて、「エイッ　エイッ　エイッ」の気合三回の後、二礼二拍一礼する。この方法は三十年も前に老女霊媒師(れいばいし)から教えてもらったが、強調していたことはあくまでも一般の人が使ったらいいというこ とだった。彼女が「専門家さんに言わせたら笑止笑止とくさすでしょう」とニッコリ笑っていたのが忘れられない。

もちろん私も使用していない。ふだん私が使う鎮魂法のテクニックは、自分で編み出した方法だが、テクニックが複雑なので一般には公開しがたい。素人(しろうと)向けの方法とはいえ、効果は馬鹿にしていけない。この施法(せほう)にあたっては、大海原(おおうなばら)に今まさに朝日が昇るありさまを心に描いてほしい、と彼女がつけくわえていたことを記しておく。

66 単身赴任者の無事を祈願する霊法

昨今は単身赴任者の激増で、家庭の中がぎくしゃくしている家族が多くなっているという話を私も耳が痛くなるほど聞く。悲鳴にも似た愚痴（ぐち）やら相談やらを受ける機会も増えている。

そんな相談をたびたび持ちかけられてひらめいたのが、戦時中、出征軍人の留守家庭のいわゆる「影膳（かげぜん）」ということであった。そこで、相談しに来た人にその方法を実行するようについもらしてしまった。ところが意外に効きめがあるようだった。とても感謝されたのだ。家族の心気（しんき）もやすまり、ご主人の仕事上のミスがなくなった、早い時期に本社に戻ったなどなど、次々と好結果が出ているようだ。

本人のよく着用した衣服（なんでもいい）や洗ったものをハンガーにかけ、その前に小さな机を置き、茶碗（ふた付き）に一日一度、あたたかい御飯を入れ、お茶、水、そして少々の副食物を供える。ただこれだけのことだ。実に簡単な方法だが、奥さんが心をこめてやり続ければ大きな効果があるので、ぜひ試みていただきたい。子どもたちにも手伝わせたりすると、なおよいだろう。

霊術・霊法の先にある「人生三原則」
■おわりに

本書で紹介した六十六の霊術・霊法は、専門家には物足りない内容かもしれない。だが私としては、自分の知見の中から一般の人が自分ひとりで、しかも簡単にやれる方法ばかりを選んでみた。そして肝心の効果の有無だが、やってみて効きめなしとしても害にならない法ばかりを集めた。熟練も不要、それどころか経験の必要なし。材料も設備も大がかりではない。なによりも強調したいのは指導者がいらないことだ。ともあれ、とりあえず無条件で信じて施法(せほう)することによって、心の底から安心感が湧いてくることを心から願っている。

世相はというと、現実の出来事の多くを霊因(れいいん)として受け取る風潮となって久しい。だが実際には、現実の事態が霊魂の作用なのかどうか、非常に疑わしい面が多い。何でもかんでも霊のサワリ・タタリだとする拝み屋、霊媒師、霊能力者などがあまた存在する。これら専門家は迷える人々をたやすくひきずり込こんでしまうようだが、果たしてそうなのかといえば、身辺の現象に霊因などない場合が少なくないものだ。

総計八人もの専門家に困った出来事を相談したところが、それぞれの霊査の結果が違っていて一体どうしたらいいのか、どれが本当なのかと、ノイローゼになってしまった人が私のもとへ相談に来たことがある。八人の諸氏の答は、

「先祖が泥棒であった」
「水子霊のタタリ（実はこの人にはその体験はないという）」
「屋敷霊のサワリ」
「墓相が悪い」
「先祖からくる色情因縁」
「三代前の先妻と後妻のもつれ（この人の祖父母の代にはそんな事実はない）」
「四代前まで代々祀られていた稲荷神の霊が祭祀の復帰を願っている（だが親類に四代前を知っている古老がいて、そんな事実はないそうだ）」
「亡くなった祖父が生前、あるお寺に願掛けしたままで、願ほどきがなされていない

（どっこい祖父は徹底した無信心であったという）」

などなど、あまりに八人の専門家の言うことが違っていたそうだ。それに、教示された方法をやってはみたがまったく効きめがない……と。

読者に裏話をひもといてしまったのは、霊的な方法も霊因が確固としてなければ全く効きめがないことを知ってほしいためだ。しかし、専門家がまことしやかに教示した方法で皆目効能がなかったが、私の述べた一つの方法で一挙に解決できたという人も少なからずいる。

あえて繰り返すが、私が教示した六十六の方法で安心を得ていただきたい。もちろん施法（せほう）の前には、誰にもいるとされている守護霊また支配霊、背後霊や格の高い先祖さんたちにお願いすることは言うまでもない。つまり、「格の高い先祖さん」「守護霊さん」「背後で支配してくださるお方様」、これらを十回ぐらい呼びかけて施法に入るべきだ。これを怠ると、あなた自身のかもしだす波長が低級ならば、低級霊の波長と一致して仲良しクラブとなってしまうのだろう。

このような観点から、霊術・霊法はなるべく自分ひとりで実行するのがよい。家族共同でやらねばならぬ項目もあるが、赤の他人を加えてはならないと特に強調しておく。他人が交じると波長が複雑となるから、一人静かに心ゆくまで行ないたいものだ。自家の因縁のみならず他家の因縁まで、我が身、我が家にひきずりこんで、悩み苦しむ愚かな結果になってはならない。それに本書の霊術・霊法は指導者などいらないことをもう一度言っておく。

しかしこれをすれば必ずよくなるとする、いわゆる御利益主義の心気をもってはならない。やることにより満ち足りた心情とか、安心感を味わってほしい。霊術で悪霊を退散させるとか、縛るとかなどの不礼きわまる、そして危険なやり方ではない。だから徹頭徹尾、静心こそ大切なのだ。したがって危害はないと私は断言できる。施法するあなたの心気が正常ならば大丈夫。むしろ六十六の方法の実行、積み重ねの道程のうちに、次の三原期を実行するあなたになってほしい。それこそが、私の本当の狙いであり、希望なのだ。

①陽気心のつちかい
②すべて成り行きまかせ、あの世まかせ
③気にならない、気にしない

この三つの信条だ。とにかく六十六カ条の霊的方法のどれかを、あるいはいろいろと実行するうちに、一番の効能は三原則の実践者となる、または少しずつでもその域に近づいていく、または一つだけは自分のものにした、などなどの素晴らしいあなたになってほしいと願うのみだ。では、①、②、③の信条を平たくわかりやすく説明してみよう。

まず、①の「陽気心のつちかい」だが、古くさいが、昔の言葉を引用してみると、「陽気心発するところ　金石　また透る」とか、「陽の気あらば　万物が動き　また生じる」などと言われている。また辞書を引けば、心が晴れ晴れ、朗らか、気分がうきうきと説明している。つまりは悲しい、嘆き恐れる、怖い、怒る、淋しいとか、不平不満の心情の真反対を陽気心という。もっとも、人間は感情の動物といわれるように、それを自分のものにするのはなかなか難しいことだが、いざそのつもりで努力していると、意外な自分に気がつくものだ。それがこの信条の実行者のおおかたの声だ。それどころか努めて意識しているうちに、他人の批判、中傷、悪口、一人よがりなどがなくなったともいう。過去かなり多くの人々に陽気心の実行に集中なさいと勧めたが、そこに向けて努力している人、効果のある人などをふくめると八五パーセント以上の好結果を得ている。

たとえば、私自身もともと神経質のかたまりのような人間だが、ある日、この三原則に気がつき、一所懸命努力した。そのおかげで平静心の中の陽気心の自分を見ることができるようになった。それに無駄なことにわずらわされなくなった。なにしろ自分の周りには暗気(あんき)、迷気(めいき)、邪気(じゃき)などがない。陽気心の雰囲気が常に自分の心中や身辺に漂って、邪霊、凶霊、低級霊も寄り憑くことができない。逆に正統霊の波長と合致して、自分の好むと好まざるとにかかわらず、守り、導き、働いてくれる。あくまでも自然にそうなるのだ。うまくいけば、あなたも正統な霊感者となれる。または、読心術という強い武器を持つようになるかもしれない。

次に②の「すべて成り行きまかせ、あの世まかせ」を説明しよう。

これは無抵抗主義とか物事への諦(あきら)めを指しているのではない。これに関しては霊的な分野から説明したほうがわかりやすい。私たちの人生の大半は霊魂の支配で成り立っているといわれている。私もそのように思う。守護霊、背後霊とか支配霊や憑依霊などと区別されているが、プラスに働く霊、守護霊は、その人を徹底して護っている。しかしそうだとしながらも、まだまだ未完成霊だから、その霊も霊界修業に励んでいるというのがおおかたの専門家の捉え方だ。

だからよく一般で言われるように、守護してくれる霊がいるならば人生は隆盛ではないかと考えられがちだが、万能の霊ではないことを承知しておかなければならない。一人ひとりの力量などが違うように、守護霊のそれぞれの差とか技量など千差万別である。したがって、不器用だったり、力が比較的弱い守護霊も多い。ここでそれぞれの人生の格差が生まれてくるわけだ。だが、どの守護霊も一所懸命に一人の人間を守護する役目に努力してくれているはずだが、人間様の受け入れ態勢や心得違いのために密接な関連活動ができないあわれさ、悔しさが、まま生じてしまうのが大変に不幸である。だから密接な連携プレーができるよう常に心がけねばならないだろう。

簡単に結論を言うと、つまりは関係のある先祖先亡や守護、支配、指導、背後の諸霊とか憑依霊の（強弱はあるけれども）作用の人生であるといえる。これらの詳細は前著『霊は生きている』『悪霊から身を守る方法』の二冊に詳しく書いてあるので参考にしていただきたい。

それでは、これらの諸霊が肉体人間の自分をあやつっているとするならば、彼らが自分を使いやすいように、つまり楽な受け入れ態勢にすることが大きなポイントとなる。これを「すべて成り行きまかせ、あの世まかせ」というわけだ。世の中、案外にたやすく社長なり支店長なり、とにかく〝長〟となっている人が多いものだ。割合に労苦少なくしてプラスが味方する人が見受けられる。これらは本人が、意識しているかは別として、彼ら諸霊に自分のすべてを使いやすいようにしているだけだといえる。人間本人の才能や力量とか努力などがあなたより劣っているのにと思う場合もままあろう。それは残念無念としても、この辺にこの世の人生の差が生じるのではあるまいか。

次に③の「気にしない、気にならない」。読んで字の如く、世の中、何かと陰口悪口を言われながら抑えつけられたり、蹴とばされたり、利用されたり、騙されたり、不安とか心配とか、ああしたいこうしたい、また嫌なことなどなど、朝起きてから夜眠るまで、ギッシリと身辺に悪しき現象がたむろしている。それらすべての諸事を気にならない、気にしない、あなたになってほしい。人から悪く作用する雑言を耳にしても、それにのっていかないあなた、怒りの感情が出そうになっても抑えるのに努力のいらないあなたになってほしい。つまりは何ごとにも虜（とりこ）にならない、執念の炎を燃やさないことだ。

たとえば、自分の意に反した事情がもちあがったとして、自分の信条に違反する行動を起こした他人があったとすれば、激怒するか、悲しみのどん底となってしまうあなたであってはならない。言うならば、つねに平静心、平常心のあなたであってほしいのだ。そうした状態ならば、あなたの背後霊関係は、非常にやりやすくなる、使いやすくなると、常々私は霊言（れいげん）を聞いている。

以上、これらの三原則を含め、全六十六カ条を実行してほしい。やがて一原則でも自分のものにしていただきたい。一つをマスターしてしまえば他の二原則も必然的にあなた自身の雰囲気となってしまうと思う。

要するに、私の示す霊的方法の狙いは「陽気心」「すべてあの世まかせ、成り行きまかせ」「気にならない、気にしない」の体得術だと言い切ってしまいたい。あなたに関係する諸霊の浄化、霊力の増長を高め、あなた自身がよりよく、いかなる苦難も逞しく乗り越える。心配事や不安事も向こうから消えてゆく方法、これが狙いの霊術・霊法でもある。一つひとつの施法の効能はどうなんだと問われるだろうが、本書ではあくまでも危害がないように初歩も初歩、それこそ幼稚園程度のやり方のみを記した。ならば効能も薄いだろうと言われるかもしれないが、やればやっただけの効果はあると私は信じている。

重ねて言うが、初歩的、序の口の霊術・霊法でも、決してあなどってはいけない。仏壇とか神棚を自分の念力一つで消してしまう修法も六十六カ条の中には含まれている。いわゆる正統霊や善霊・高級霊とか、俗に尊称される神・仏・護法(ごほう)・菩薩(ぼさつ)などと交流可能な方法ばかりであることも付け加えておく。やがてはいながらにして幽界・霊界をのぞけるあなたとなるかもしれない。要は、三原則を根本にして楽しみながらの気心で自分に関運する諸法をやってほしい。これらの方法はあなたも霊感者、霊能力者になる可能性を引き出すものであると私は信じる。そしてぜひ自分独得の人生哲学を会得(えとく)してくださることを祈念する。

宗教や信仰に人々は御利益(ごりやく)を希求するがために入信しがちだ。その気持ちはわかるが、えてして間違いとなりやすい。御利益信仰はすでに低い波長の霊との感応(かんのう)でしかない。高級霊とか正統な霊と常に接しなければ、社会の底辺をウロウロして一生を終わるのがオチだ。だから宗教心とか信仰心とかは心の安らぎを求める場、平静心を養うのが本来の主旨だと思うのだが、どうだろう。そこで教義も必要となるが、その一方で実践書がなければ、宗教や信仰の奥義には入っていけない。そのための本書である。だから実行するに際しても、決して御利益や効きめやいかになどの心境でやってほしくない。ぜひ幽界・霊界へ、あなたが良き手本、見本を示していただきたいものだ。

本書が、あなたの仲のいい友人であってほしいと願い、十二分に活用なされるようにと希望している。

平成十四年仲秋　京都にて

皆本幹雄

◉著者について

皆本幹雄（みなもと　みきお）

1930年、広島県生まれ。幼いころより、霊視・霊聴などの特殊な素質に恵まれていたが、自らの能力を深く自覚しないまま青壮年期までを過ごす。教職に就いていた1968年、深く悟るところがあって心霊学の研究に没頭、霊感師としての活動を開始する。古都・京都を拠点に多くの企業家や一般の相談者の運命の吉凶、事業運、財運、異性運などに的確な答を導き、運命改善に大きな貢献をする。2005年1月に逝去後も氏の教えは「皆本霊学」として多くの実践者の指針となっている。

霊能力で運命が好転！
今すぐできる霊術・霊法66

◉著者
皆本幹雄

◉発行日
初版第1刷　2016年7月20日

◉発行者
田中亮介

◉発行所
株式会社 成甲書房

郵便番号101-0051
東京都千代田区神田神保町1-42
振替00160-9-85784
電話03(3295)1687
E-MAIL　mail@seikoshobo.co.jp
URL　http://www.seikoshobo.co.jp

◉印刷・製本
株式会社シナノ

Printed in Japan, 2016
ISBN978-4-88086-343-6